抖音运营变现手册

陆雨苗 阿爽拉 著

电子工业出版社
Publishing House of Electronics Industry
北京·BEIJING

未经许可，不得以任何方式复制或抄袭本书之部分或全部内容。
版权所有，侵权必究。

图书在版编目（CIP）数据

抖音运营变现手册 / 陆雨苗, 阿爽拉著. -- 北京：电子工业出版社, 2020.10
ISBN 978-7-121-39323-5

Ⅰ. ①抖… Ⅱ. ①陆… ②阿… Ⅲ. ①网络营销—手册 Ⅳ. ①F713.365.2-62

中国版本图书馆CIP数据核字(2020)第137452号

责任编辑：胡　南
文字编辑：李楚妍
印　　刷：三河市鑫金马印装有限公司
装　　订：三河市鑫金马印装有限公司
出版发行：电子工业出版社
　　　　　北京市海淀区万寿路173信箱　邮编 100036
开　　本：720×1000　1/16　印张：9　字数：150千字
版　　次：2020年10月第1版
印　　次：2020年10月第1次印刷
定　　价：68.00元

凡所购买电子工业出版社图书有缺损问题，请向购买书店调换。若书店售缺，请与本社发行部联系，联系及邮购电话：（010）88254888，88258888。
质量投诉请发邮件至zlts@phei.com.cn，盗版侵权举报请发邮件至dbqq@phei.com.cn。
本书咨询联系方式：（010）88254210，influence@phei.com.cn，微信号为：yingxianglibook。

引言

PREFACE

抖音的力量到底有多强大？经常使用抖音的你，是否仔细考虑过这个问题呢？

2020年1月，抖音官方发布的《2019年抖音数据报告》中指出，2020年1月5日抖音的DAU（日活跃用户数量）已突破4亿。抖音总裁张楠此前还曾在演讲中预测，2020年短视频各平台的总DAU将达到10亿，相当于微信2019年的日活用户数量。

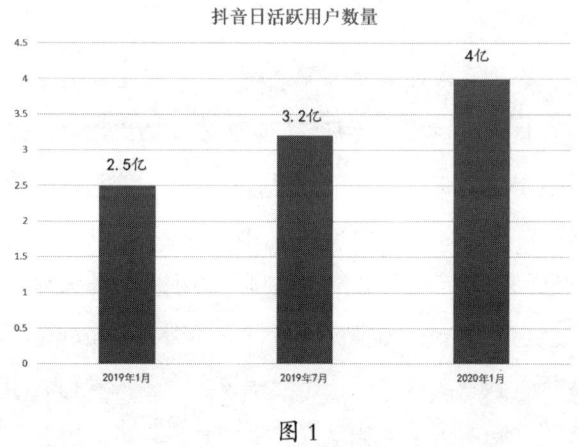

图 1

从DAU来看，短视频平台的兴起已然成为不可阻挡的趋势，而抖音作为短视频平台的佼佼者，其庞大的用户群体带来的巨大的盈利空间，也使之成为创作者首选的平台之一。我们经常会看到关于某网红在抖音平台月入几万或几十万的相关新闻，这类新闻层出不穷，可见抖音短视频背后的利润是惊人的！

如今，抖音一枝独秀。与抖音平台处于竞争关系的快手、微视，在某种程度上依旧无法撼动抖音的地位。随着短视频行业竞争加剧，微信平台陆续封杀外链。自2019年1月22日后，抖音用户无法使用微信登录功能。腾讯此举是为了扶持微视的发展，也确实在前期收到了一定成效。QuestMobile的数据显示，2019年6月，微视的用户活跃数为1.05亿，比一年前高出3倍以上，追平头条旗下的火山小视频。但这一行为并没有完全地限制抖音的发展，当月抖音的用户活跃数量已近5亿，且其7日流失率控制在20%以内。反观微视，有66%的用户在下载微视一周后便不再使用它。由此可见，在短视频平台领域，抖音仍旧保持着领先地位。

其实，外界对于抖音还存在一些唱衰的声音。有些人认为，抖音的流量增长已然到达顶点，在接下来流量增速变缓，各社交平台纷纷涉及短视频领域的行业生态环境中，抖音能否继续保持现有的地位，还需要画个问号。其实，这恰恰意味着短视频行业度过了野蛮生长的阶段，迎来了规范化发展的新春天。规范，则意味着有迹可循，也意味着单凭个人感觉，摸着石头过河的创作者成功的几率将远小于钻研过抖音平台规则与用户心理的创作者。

可以确定的是，短视频行业已然进入了春天，且未来还有很长的路可以走。网络科技的发展越来越快，互联网相关行业的收入也将随之水涨船高。对于目前还在观望的人群来说，越早进入这个行业，则越有可能在潮流大趋势中分得一杯羹。而在不同的视频平台中，抖音必将是创作者的首要选择。

俗话说："知己知彼，百战不殆"。在进入短视频创作领域时，一定要了解这个行业的规则，才能游刃有余。所谓的了解行业规则，其实就是要掌握抖音账号的运营技巧。前段时间，抖音红人李子柒饱受争议，许多人觉得，李子柒在创作视频时仅仅是为了作秀，背后有专业的团队在策划运营，人设不够真实。但是，完全没有一点运营痕迹的账号是不存在的，哪怕是不以盈利为目的的私人用户，也会对自己的账号内容有一定的规划，这样的规划其实也是运营的一种方式。只不过对于以此谋生的创作者来说，运营需要有更系统的方案，更科学的方法。

为了帮助各位创作者迅速上手，成为抖音平台的红人，本书基于作者几年来的抖音运营实操经历，以内行人的眼光看待抖音的发展趋势，归纳抖音平台的运营策略，总结抖音平台的运营雷区，推荐适合不同账号的各种变现方式，为新手创作者提供了专业的运营、变现思路。

此外，本书中涉及大量实例，其中提到的各类数据如创作者的粉丝数、视频点赞数等，均是止于成书时的真实数据。在这本书中，我们以抖音账号养成的时间线详细介绍各个阶段的运营技巧，将焦点落于抖音账号的实际运营方法和变现方式，同时少量涉及抖音短视频的内容策划，希望能伴随读者账号养成的每一个阶段。此外，我们还邀请了几位优秀的抖音创作者，以第一人称的视角讲述他们运营抖音账号过程中的经验和教训，相信这些经历可以为即将走上抖音创作道路的新手们提供不少帮助。

每个人都可以记录自己的美好生活，每个人都有独一无二的闪光点，每个人也都应该是自己生活中的"网红"。运营，是帮助大家发掘自己身上最值得被发现的闪光点，而不是投其所好地营造一个虚假的人设来笼络粉丝。这就是本书希望帮大家实现的价值，也是我们的初心。希望各位新手创作者，都能从本书中得到自己想要的运营、变现知识，成为一名优秀的短视频内容生产者。

目录

第一章　必须了解的平台规则 / 1
1.1　抖音平台推荐机制 / 2
1.2　抖音账号具体分类 / 5
1.3　账号功能开通方法 / 9

第二章　账号调性设计攻略 / 16
2.1　抖音账号人格化方法 / 16
2.2　粉丝群体的画像规划 / 22
2.3　如何包装账号 / 23
2.4　账号养号攻略 / 29
2.5　账号更新频率 / 33

第三章　前期热度提升技巧 / 35
3.1　如何策划第一个视频内容 / 35
3.2　发布视频时如何撰写标题 / 37
3.3　如何选择视频定位 / 43
3.4　如何选择视频发布时间 / 45
3.5　如何策划视频时长 / 46

第四章　短视频拍摄技巧 / 49
4.1　短视频拍摄之设备选择 / 49
4.2　短视频拍摄之景别运用 / 52
4.3　短视频拍摄之运镜技巧 / 55
4.4　短视频拍摄之光线布局 / 57
4.5　短视频拍摄之内容策划 / 59

第五章 账号中期维护技巧 / 64

- 5.1 如何刺激流量 / 64
- 5.2 如何引导评论 / 67
- 5.3 如何使用 DOU+ 功能 / 70
- 5.4 如何提高粉丝黏性 / 76
- 5.5 如何查看账号权重 / 79

第六章 账号后期引导方法 / 81

- 6.1 矩阵号运营方法 / 81
- 6.2 如何突破账号瓶颈期？ / 85
- 6.3 短视频电商营销思路 / 89

第七章 账号运营两大雷区 / 91

- 7.1 雷区一："重发必火" / 91
- 7.2 雷区二：内容发布不规律 / 93

第八章 抖音变现七大方式 / 94

- 8.1 拥有粉丝≠实现盈利 / 95
- 8.2 抖音平台内部变现方式 / 97
- 8.3 借助微信、淘宝平台的变现方式 / 103
- 8.4 其他变现方式 / 106

第九章 他山之石——优秀案例分享 / 109

- 9.1 "懒瘦教主"：如何快速启动一个赚钱的抖音号？ / 109
- 9.2 "果汁儿"：15 天快速涨粉的秘诀 / 118
- 9.3 "吴大威"：一个月涨粉 18 万，精准吸引企业老板粉 / 123
- 9.4 "黄勤文"：粉丝数从 12 万飙升至 65 万，一晚净利 4 万 / 130

后记 / 134

第一章 必须了解的平台规则

第一章
必须了解的平台规则

在抖音平台拥有数以百万计的粉丝，每次发布视频都有众多追随者，轻轻松松登上抖音平台的热门推荐，成为风靡一时的带货达人……这样的成就，相信正是每一个抖音创作者梦寐以求的。在现实中，抖音短视频平台也诞生了许多这样的网红博主，让每个新手创作者感觉自己的梦想不再遥远，成名的机会唾手可得。

《劝学》有云："故不积跬步，无以至千里；不积小流，无以成江海"。古往今来，任何一次成功都并非只靠运气。在每一个走红的抖音账号的背后，都需要创作者呕心沥血，用心运营，才能赢得并且牢牢抓住粉丝的心。抖音短视频平台有成熟的视频推荐机制，只有谙熟其中的规则，精心策划视频内容，才能在这个平台走得长久。

正如盖房子，要想建成一座高楼大厦，一定要先打稳地基。底座的稳固性决定了建筑的高度。在抖音账号的养成中，这个底座就是账号的调性设计。"调性"一词原本指音乐中从心理的角度对不同的音调所赋予的不同特性，随后被广泛运用于各个领域。比如，广告学中的"调性"指的是广告画面所体现出来的广告诉求的感知形象；产品设计领域的"调性"指的是产品各设计要素所体现出来的产品的感知形象……简单来说，"调性"就是要为受众营造出一种氛围。在抖音短视频领域，账号的调性就是指账号的内容领域、视频风格、人格化形象等因素综合之后呈现出来的、观众能够获取的直观印象。

在创作之前，我们一定要想清楚，自己想做一个什么类型的账号？这个账号要发布的视频是哪个领域的内容？这个账号的视频是什么样的风格？将这些维度都设计好之后，再开始创建自己的抖音账号，发布短视频，才能事半功倍。

1.1 抖音平台推荐机制

从2016年上线后发展至今，抖音平台的推荐机制已经进入规范化阶段，这意味着当下入驻抖音平台的创作者需要深入了解抖音平台的推荐机制，合理利用系统的规则来发布视频，才能快速得到大量曝光，成为抖音平台的"网红"。

判定推荐权重的四个维度

在抖音平台，当新手创作者发布了多个视频之后，系统会根据现有的权重判断机制对账号作出判定。这种权重判定会直接影响到系统为你分配多少自然流量，对于刚刚开始运营的账号来说，这些流量就是一个账号做大做强的原始资本。那么账号权重是基于什么规则来判定的呢？抖音系统对某一个账号的推荐权重判断主要是基于四个维度进行的，即垂直度、活跃度、健康度与互动度。

顾名思义，垂直度是指某一账号在其垂直领域的专业程度。具体来说，创作者需要保证账号的账号标签、内容标签、头像与昵称中所有的信息都是一致的，属于同一个垂直领域。如账号"林珊珊 Sunny"（如图1.1所示），其账号的重要标签就是"美妆、穿搭"，她发布的所有视频都是与美妆或穿搭相关的内容，在账号简介中也突出了"美妆""穿搭"这些标签。与此同时，她的头像和昵称中的元素也与这些标签密切相关。"林珊珊 Sunny"的一切精心布置，都是为了强化自己的垂直领域标签，以便获得更精准的流量推送。这是一个"内容为王"的时代，抖音平台鼓励创作者进行优质的内容创作。其中垂直度较高的账号，因为视频内容前后保持一致，更容易吸引某一领域的粉丝，所以更能获得精准的流量推送，其运营的成功率也就更高。

活跃度是指账号更新视频作品的频率。为了保持账号的活跃度，提升账号的推荐权重，创作者们要保持一定的更新频率，不能"三天打鱼，两天晒网"。在账号运营的过程中，不稳定的更新频率也不利于巩固粉丝基础，提升用户黏性。关于账号更新的频率，我在本书的后续章节中会进行详细的说明。

健康度是指账号在发布作品时，作品内容的画面、标题、内容是否符合国家的相关规定。如今，国家对于网络环境的监管日益严格，很多靠低俗内容走红的账号都受到了严格处理。创作者在策划视频内容时，一定要坚持发布健康、积极向上的视频，不能抱有打擦边球的侥幸心理，企图通过低俗内容迅速涨粉。即使内容本身没有逾越平台

图 1.1　账号"林珊珊 Sunny"[①]

规则，没有超过被网络监管部门处理的标准，也会在一定程度上降低账号本身的权重，影响后续运营运营。这是抖音平台运营的底线，是一定不能跨越的。

互动度具体是由点赞率、转发量、评论量和完播率组成的。从这四个角度出发，抖音平台对账号的互动度进行评判，这也是最能体现出一个账号质量的四个方面。点赞率是点赞量与播放量的比例，根据行业经验分析，这一比率至少应该超过4%。假如某一视频有300个播放量，但却没有获得12个以上的点赞，那么这个作品就很容易被抖音认定为质量一般，进而影响账号的推荐权重。转发量和评论量就是某一视频获得的转发、评论的数量，这一数据可以清晰地反映出用户对该视频的认可程度与满意程度，是抖音官方对账号流量进行分配时的重要参考。而完播率则是

[①]　本书示例图片截取自2020年7月20日。

指完整观看整个视频的用户与所有观看视频的用户的比例，这一比例对于判断视频质量有着重要意义。

抖音八级流量池推荐机制

在抖音平台，即使你的账号一个粉丝也没有，发布了视频之后还是会有一定的浏览量。这是因为抖音平台的流量分配是去中心化的。相信创作者在上网浏览相关知识时，也经常可以看到抖音平台的去中心化算法规则这些关键字眼。抖音依托于今日头条的推荐算法，和微信公众号的算法不同。在微信创作平台，只有关注了你的微信公众号的粉丝才能看到你的推送，而在抖音，即便没有关注创作者，也会在热门推荐里看到他的视频作品。这就是去中心化的含义。而且，为了保证每个作品都有曝光机会，抖音平台首次分给每个视频的流量都是差不多的。

在去中心化的分配规则下，抖音平台划分了不同等级的流量池，由小到大共分为八级（如图1.2所示）。第一级流量池中有200～300个用户能看到视频，这是用来随机测试某个视频的受欢迎程度的。第二级流量池大约有3000～5000个用户观看，第三个流量池有1.2万～1.8万个用户观看，第四级流量池有10万～20万个用户观看，第五级流量池拥有40万～60万个用户观看，第六级流量池可获得200万至300万次曝光，第七级流量池有700万至1100万次曝光。到了第八级的顶级流量池后，就会触发标签，长期推荐。

这些流量池层层递进，构成了抖音平台的流量分配机制。当用户发布视频后，会先被投入一级流量池，该视频如果有超过10%的点赞率或者完播率超过60%，就会被判断为质量较好的视频，投入到下一级流量池中，以此类推，直到达到

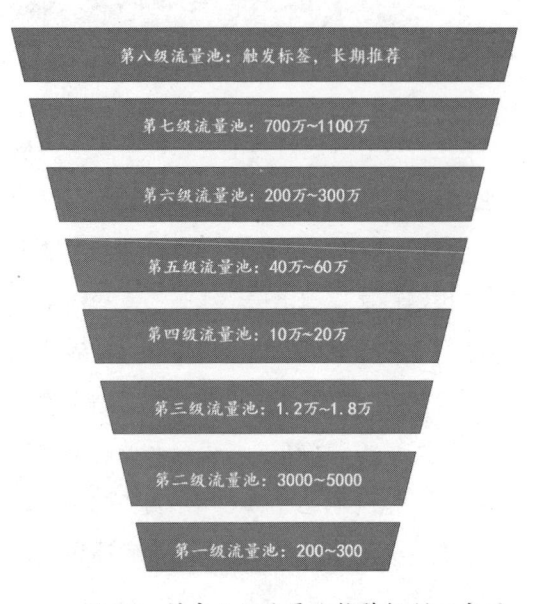

图1.2 抖音八级流量池推荐机制示意图

第八级流量池。

在这样的推荐机制下，除了视频内容的质量，视频发布时的标题、封面，以及发布后的刺激流量等措施也变得十分重要。不过在此我们只讨论抖音平台的推荐机制，至于如何利用这一机制运营账号，我会在后续的章节中一一拆分讲解。

1.2 抖音账号具体分类

知己知彼，百战不殆。作为一名新手创作者，在注册抖音账号之前，先要了解一下目前抖音平台上的账号有哪些类别，各有什么区别。在此基础上再进行账号的调性设计，就能更好地把握平台趋势，保证账号赢在竞争的起跑线上。

账号性质分类

从账号性质来看，抖音平台上的账号主要可以分为三类，分别是普通用户、"黄V"账号与"蓝V"账号。一般人注册的抖音账号即为普通账号。除此之外，抖音黄V账号为特殊认证账号，类似于微博平台的"黄V"账号。需要说明的是，此前只有音乐人可以认证为黄V用户，现在平台放宽了认证范围，演员、带货达人等身份均可进行黄V账号的认证。而蓝V账号为企业认证账号，只有拥有营业执照的企业或工商个体户才能进行认证。

那么，这两种认证账号各自有什么特权和认证要求呢？黄V账号（如图1.3所示）是免费进行认证的，用户可以将自己的原创歌曲或视频作品上传到抖音平台。

图1.3 黄V账号个人主页示例

蓝V账号的认证需要缴纳600元的审核费用，审核通过之后，该账号拥有以下几项特权（如图1.4所示）：一是首页电话功能，商家可在个人主页添加官方电话，一键拨打电话，节约用户时间，有效拉近商家与用户的距离；二是首页链接展示，商家可在个人主页添加优惠活动链接或App下载链接，起到宣传的作用；三是不限流特权，在平台发布广告时，被限流是商家最头疼的问题之一，开通蓝V认证账号之后再发布广告，就不会被平台限流了；四是自定义私信菜单的功能，商家可以在聊天界面中设计私信菜单，方便消费者与商家进行沟通；五是自动回复私信功能，方便商家及时回应消费者的需求，提高客服的工作效率；六是视频置顶功能，商家可以将最想展示的视频设为置顶，增加视频的曝光量，更好地达到宣传的效果；七是商品橱窗功能，商家可以在主页上直接展示抖音小店的链接，方便消费者购买商品。

图 1.4 蓝 V 账号个人主页示例

账号内容分类

在开始运营之前，先来了解一下抖音平台都有哪些类型的账号吧！从账号发布的视频内容来看，目前，抖音账号大致可以分为颜值类、技术流、才艺类、兴趣类、教学类、广告类这六大类。

颜值类账号指的是创作者通过发布高颜值的帅哥美女出镜的视频来吸引粉丝。爱美之心人皆有之，粉丝们总会更青睐高颜值的视频博主，尽管颜值并不是涨粉的唯一因素，也不是必备因素，但不可否认的是，颜值高的博主总是更能吸引流量。比如博主"姜十七"（如图1.5所示），就凭借着出色的容貌和个性的装扮，迅速赢得了许多粉丝的倾心。

图 1.5　颜值类账号示例

技术流指的是在抖音平台通过丰富的运镜技巧、高超的视频处理能力拍摄并制作视频的账号，这类账号风格独特，充满科幻感，早期在抖音平台十分流行。截至2020年5月，著名的技术流账号"黑脸V"在抖音上已经拥有了2800多万粉丝，其影响力可见一斑。

才艺类账号就是指创作者通过展示个人才艺来吸引粉丝的账号。在众多抖音短视频创作者中，想要脱颖而出，除了靠颜值和技术，凭借出色的才艺也能迅速俘获粉丝的心。大量的才艺展示中，最常见的还是唱歌，账号"摩登兄弟"正是凭借着这项技能成了抖音红人。

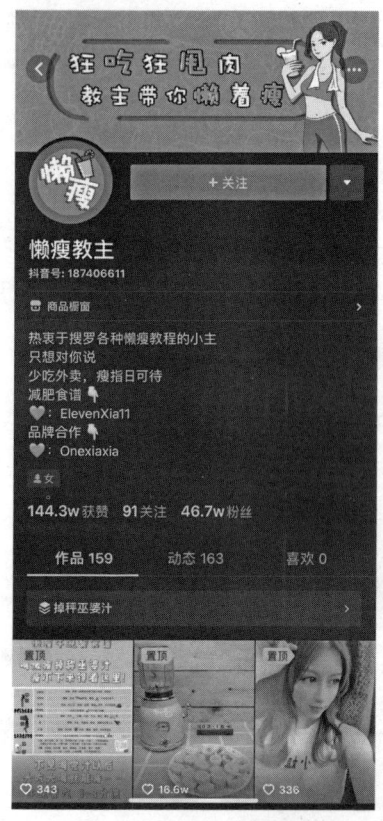

图 1.6 兴趣类账号示例一

兴趣类账号的主要内容是创作者将个人生活中的兴趣爱好拍摄成视频发布到抖音平台，并因此收获了一些志同道合的粉丝。兴趣类账号的粉丝与创作者的感情是建立在相同兴趣的基础之上，比其他类别的粉丝黏度更高。账号"懒瘦教主"（如图1.6所示）就是通过分享与减肥餐相关的信息，积累了大批的粉丝。值得一提的是，抖音中有许多爆红的萌宠账号，也属于兴趣类账号的一种，且是兴趣类账号中受众较广，容易吸粉的一种。比如账号"大圆子"的拍摄对象是一只英短银渐层猫，因天生烟嗓受到了许多网友的喜爱，在它的直播间，曾创下235万人次的观看量，无疑是猫界的"网红"了。

教学类账号其实就是生产带有科普、教学性质的视频内容的账号。这类账号的内容经常发布冷门信息，帮助粉丝获取知识，由此获得大量的关注。例如，账号"带你学自媒体"（如图1.7所示）通过每天发布自媒体运营知识的相关视频，鼓励粉丝每天跟着视频进行实践，赢得了许多粉丝的关注。

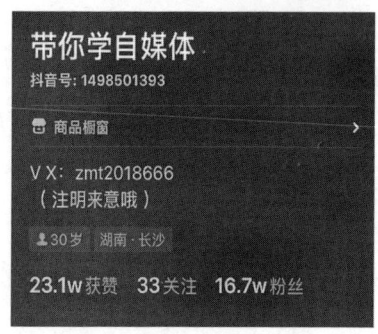

图 1.7 教学类账号示例

广告类账号是指创作者依托抖音平台，所发布的视频都是以推销自家产品的广告为主的账号。这一类账号中目前关注度较高的是一些果农自己注册的账号，如账号"偲橙果农"（如图1.8所示），他上传的视频大部分是在自己家的果园里拍摄的，目的就是销售自家的水果，既节省了拍摄时的场地费用，又十分朴实、接地气，容易赢得消费者的信赖。

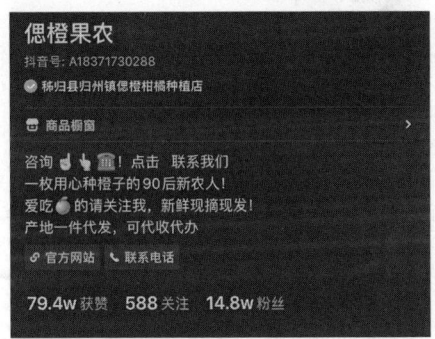

图 1.8 广告类账号示例

其实，除了这几类账号，还有一些风格独特、别具一格的账号，此处只对常见的几种账号做简单归纳，供创作新手参考。在确定账号调性时，选择打造一个什么类别的账号，一定要三思而后行，一旦决定了，最好不要半途而废，临时改变账号的内容属性，容易失去已经积累的粉丝，不利于账号的养成。所以，在规划自己的账号之前，必须先了解现有的账号类型，根据自己的条件扬长避短，选择最适合自己的风格属性来运营。

1.3 账号功能开通方法

注册完成之后，创作者就拥有了一个有待开发的账号。此时这个账号正如一块璞玉，等待着它的主人对它精雕细琢。在雕琢自己的账号之前，创作者们需要了解的是抖音账号都有哪些可以开通的功能，以及开通这些功能可以为账号带来什么样的好处。

实名认证方法

作为一个真实的账号，最重要的就是要经过实名认证。由于在抖音短视频平台进行盈利的行为必须受到法律的监管，实名认证的意义也就不言而喻了。只有确定了账号的真实性，落实账号所有者的具体身份，平台才能保证短视频电商领域的合法性，才能更好地监管这一市场，为消费者提供必要的保障。那么，怎么进行实名认证呢？

打开抖音App后，点击右下角的"我"一栏，之后再点击右上角的按钮，选择"设置"中的"账号与安全"（如图1.9所示），填写账号所有者的姓名和身份证号之后，就可以进行实名认证了（如图1.10所示）。只要按照步骤提供相关的信息，一般来说都可以通过抖音的实名认证。倘若出现认证失败的情况，抖音系统会向用户推送失败原因，比如证件照不清晰，就需要用户重新上传相关图片。此外，作为短视频电商的运营账号，不建议使用未成年的身份信息进行实名认证，使用未成年的身份信息进行实名认证会被限制使用直播等功能，不利于账号的运营。

图1.9 实名认证所在页面

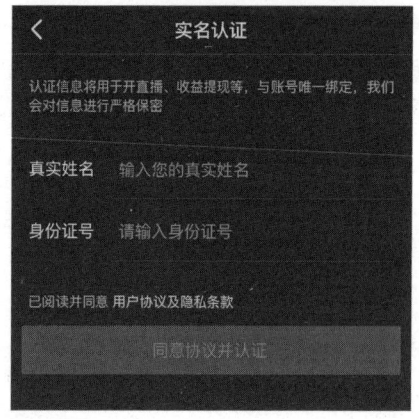

图1.10 实名认证页面

抖音小店开通方法

抖音小店是抖音为自媒体作者提供的电商变现工具，可以帮助自媒体作者拓宽内容变现渠道。抖音小店开通后，创作者就能在头条号、抖音、火山小视频等平台的个人主页展示专属的店铺页面，店铺内的商品可通过微头条、视频、文章等多种方式进行展示、曝光。接下来介绍一下抖音小店如何开通。

其实关于如何开通抖音小店，抖音平台上有具体的流程，不过看起来有点烦琐。简单来说，创作者需要在电脑端打开开通抖音小店的商家后台（如图1.11所示），登录自己的抖音号，在开通店铺的页面选择"个体工商户入驻"或是"企业入驻"（如图1.12所示）。

图1.11　抖音小店开通网站

图 1.12　店铺类型选择

　　以个人创作者为例，选择"个体工商户入驻"之后，需要填写个人信息，并上传身份证正、反面照片以及申请人手持身份证的照片（如图1.13所示）。完成后再上传营业执照信息（如图1.14所示）。当以上所有的信息都填写、上传完成之后，会进入1~3个工作日的审核阶段，审核结束后，创作者需要签署一份在线合同，并交纳保证金，这样就可以成功地开通抖音小店啦！

　　这些账号功能的开通方式，只需要创作者按照抖音平台的规定去完成即可。本书整理的只能是目前的开通条件及方式，随着抖音平台规则的变化，也许申请入口、条件等都会有所调整。但无论如何，对于创作短视频的电商来说，开通这些账号功能是运营涨粉和变现环节十分重要的一步，一定要认真填写每一项信息。切忌使用不实信息进行申请，一旦被系统发现信息不实，将对账号和店铺产生巨大的影响。只有遵守系统内的运行规则，才能保证账号的长期发展。

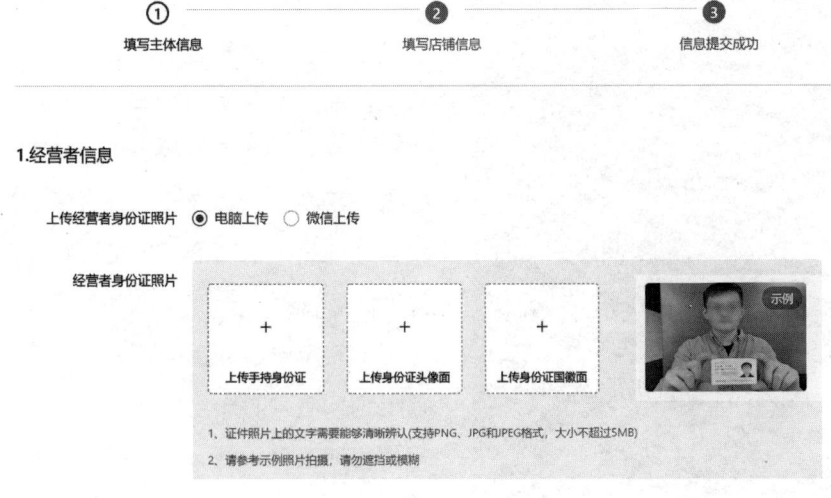

图 1.13　资料填写页面一

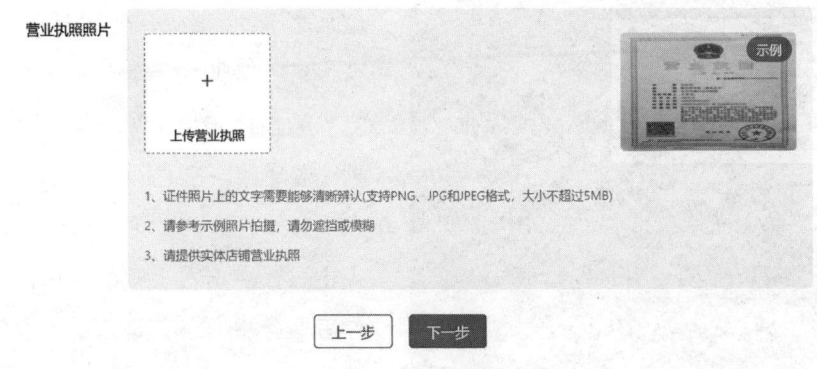

图 1.14　资料填写页面二

商品橱窗开通方法

在刷抖音时，我们时常会在一些账号的主页看到"商品橱窗"的功能入口，该功能为抖音电商的发展提供了极大的便利。"商品橱窗"功能（也叫"商品分享"功能）的商品主要有三个渠道来源，一是抖音小店，申请开通抖音小店的方法在前面已经介绍过了；二是"精选联盟"，"精选联盟"是抖音电商自建的联盟体系，里面的商品源自抖音电商自选的供应商或加入精选联盟的小店的商家；三是淘宝平台，点击商品链接，添加商品链接或者输入淘口令，就可以把商品添加到商品橱窗了。

商品橱窗的开通条件有三个：一是需要创作者发布十个以上的视频，二是需要完成实名认证，三是粉丝数必须大于1000人。开通这项功能可以获得的权益有：拥有个人主页商品橱窗功能，支持在视频和直播中添加并分享商品；拥有个人页视频置顶功能；DOU+（即视频加热）功能；支持登陆达人PC管理平台，可PC端回复消息、设置私信自动回复、私信自定义菜单、查看账号运营数据、置顶评论等（如图1.15所示）。

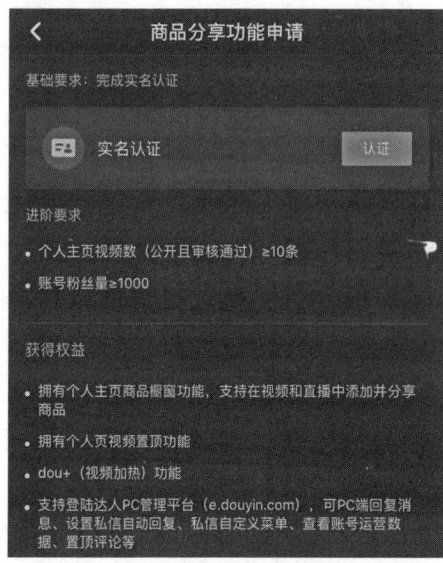

图 1.15　商品分享功能申请条件及可获得权益

具体开通方式为：打开抖音进入个人主页，点击右上角的按钮；选择"创作者服务中心"，进入到各种功能的管理界面；在"变现能力"一栏选择"商品分享"功能，只要满足了以上的开通条件，就可以申请开通（如图1.16所示）。等待官方审核通过后，创作者就可以添加和展示自己的商品了。开通成功后，打开抖音点击右下角的"我"就

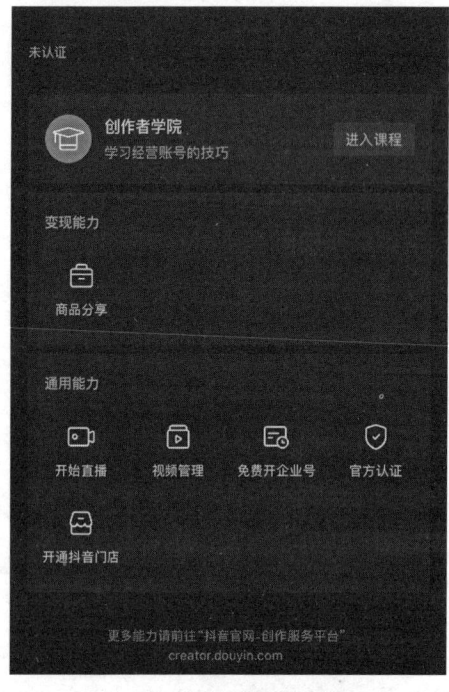

图 1.16　账号功能开通页面

14

可以进入商品分享功能了。

开通完商品分享功能之后,如何添加商品呢?首先,创作者需要进入个人主页面,点击"商品橱窗"进入下一个页面,然后选择"橱窗管理",再点击左下方就可以添加商品了(如图1.17所示)。

‹	商品橱窗管理	橱窗预览
移除选中商品 全部商品:0		移除 | 分类至

橱窗中暂无商品

添加商品 \| 管理分类

图 1.17　商品添加页面

第二章
账号调性设计攻略

2.1 抖音账号人格化方法

人格化原指在文学创作中描写植物或动物等非人类的过程中，赋予它们人的某些特征。抖音账号的人格化简单来说就是要为你的账号打造一个虚拟人设。互联网中创作者与粉丝是通过网络相互联结的，二者之间可能存在着千百公里的现实距离。在这样的远距离下，如何让粉丝觉得自己关注的账号是一个与他有着相同的喜怒哀乐的、活生生的人，而不只是冰冷的账号呢？这就需要创作者在运营前期对账号进行调性设计，通过短视频人格化的方法打造虚拟人设，再通过人设达到与粉丝情感共鸣的效果。

用户的三大需求

对抖音账号进行人格化处理，首先要了解用户到底喜欢什么样的账号，找到用户的需求痛点，对症下药，就能够快速打造出一个具有完美人格的账号。因此，了解用户在刷抖音时大多是出于何种需求，就显得尤为重要。在对用户群体进行了大量的研究之后，我们发现抖音等平台的短视频用户一般存在三大需求，分别是好奇心需求、情感需求与自我提升需求。针对这三个需求规划账号的虚拟人设，就是短视频人格化的秘诀。

好奇心需求是人类本性中最大的特征之一。对于此前从没有见过或比较少见的事物，人类本能地保有一种新鲜感，而新鲜感又能够带给用户持续关注的动力。比如账号"安于"发布的体验巴厘岛网红秋千的视频，就获得了147万点赞数。秋千在我们的日常生活中不算少见，但是在森林中体验如此大型的秋千，就是比较少见、新鲜的事物了，这种新鲜感满足了用户的好奇心需求，因此视频能够获得大量点赞。

情感需求是指粉丝在选择自己关注的创作者时，一定会选择自己所喜欢的类型。所有的短视频平台不仅有娱乐功能，更有社交功能，用户在刷抖音时，其实也希望能够在网上交到一些朋友，这就是我们所谓的情感需求。当创作者的短视频作品传达出的价值观、世界观与用户一致，使用户觉得自己的情感需求被满足、得到认同时，用户就会毫不犹豫地关注你。这也是我们强调一定要与粉丝进行互动的原因之一。比如账号"姜十七"是一个专注于美妆和穿搭领域的博主，她发布的视频文案提到："别人的意见都是参考，你不喜欢就不要参考！"（如图2.1所示），这是因为其粉丝群体基本上为女性，消费的主力军也是女性，而女性心思细腻，更容易与这些鼓励的话语产生共鸣。不只是"姜十七"，许多卖女性商品的商家都

图 2.1　账号"姜十七"
发布的视频截图

会使用两性情感的话题作为视频文案，这针对的正是用户的情感需求。

自我提升需求就是指每个人在使用抖音时，心里会希望通过这些短视频收获某些有价值的东西。现在是碎片化学习的时代，在网络技术的支持下，每个人都可以在碎片化的时间里通过网络来获取自己所需要的知识。除了一二线城市的用户，这一需求在下沉用户市场的表现也十分突出。抖音用户的覆盖程度是国内所有短视频App中最高的，这意味着哪怕是四线城市的农村用户，也可能通过抖音上的美食账号学习烹饪方法，或是通过手工账号来学习折纸，丰富生活。比如账号"懒瘦教主"发布的制作掉秤巫婆汁的方法（如图2.2所示），可以帮助很多粉丝学会自己在家制作减肥食物，改善自己的身材。

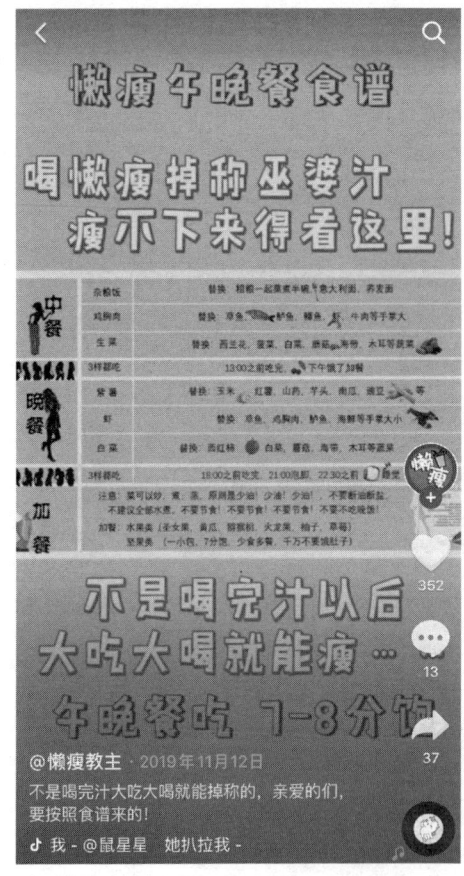

图 2.2 账号"懒瘦教主"发布的视频截图

这三大需求就是用户观看抖音短视频时最本质的目的，只要创作者能满足用户的三大需求，涨粉就指日可待了。

账号人格设定

关于短视频账号的人格打造，很多人可能会觉得无从下手。在此，我们建议创作者可以先从观看经典小品入手，寻找灵感。因为小品是一种时长较短的表演形式，恰好符合短视频账号要在短短的时间内打造人设的要求。可以看到，在历年春晚中，最受欢迎的节目大部分是小品，而不是歌舞。小品最大的特点就是能在很短的时间内通过丰富的故事将观众吸引进来，这是其他表演形式很难实现的。在构建短视频账号的人格时，一定要用短视频通过故事化和场景化的形式来丰富虚拟人设。

比如1990年的春节联欢晚会上由宋丹丹、黄宏表演的小品《超生游击队》，讲述了一对躲避超生检查的夫妇在城市街头流浪，经过思想斗争最后放弃继续超生念头的故事。在画面中可以看到宋丹丹背着一个娃娃坐在路旁，身边的丈夫黄宏也背着一个娃娃，正在弹棉花（如图2.3所示）。开头的这一画面，小品通过人物打扮以及道具的运用，形象生动地展现出两个企图超生的农民的忐忑心理。在录制短视频时，创作者也要注意服装和道具的搭配是可以在无形中展现账号人格的，运用好这一方法，就可以使自己的形象更具体、更生动。

图 2.3　春晚小品《超生游击队》

除了服装和道具搭配之外，创作者的短视频还应该是一个具有主线的场景化的小故事，这样的短视频作品就可以说是一个及格的作品了。除了故事，短视频账号的人格设定还需要具有三要素：职业、场景以及人物关系。

人设体现在职业上。在抖音平台上，很多人的人格都是依靠自己的职业树立起来的。职业又可以分为特殊职业、常规职业以及自由职业。特殊职业是比较有标识性的，与常规职业不同的，如外卖小哥、考研老师、建筑工人等，这些职业的从业人员由于群体的特殊性，很容易在抖音上火起来。因为抖音的用户大部分是学生或者是在办公室工作的人员，对这些特殊职业的生活天然地具有新鲜感和好奇心。常规职业就是在普通人的生活中时常接触到的诸如教师、医生、学生、健身教练等职业。第三种职业就是自由职业者，比如流浪歌手、淘宝店主、旅行达人等。在规划自己的账号调性时，创作者一定要先想清楚，自己的人格要建立在一个什么样的职业上。我们建议还是以自己真实的职业作为支撑，因为用户希望看到的是真实的生活记录，如果以虚假的职业来构建人格，可能会不够真实，无法赢得粉丝的喜爱。

比如大家都熟悉的"腰子姐"就是一个典型的例子。她的抖音账号是"腰子姐"（如图2.4所示），由于卖烤腰子时清脆爽朗的口头禅"来了，老弟"而走红。在她的人格塑造中，职业就起了很重要的作用。一般我们提到烧烤摊主的时候，大家都会觉得这是一个十分豪爽、好客、朴实的形象，而"腰子姐"恰好代表了这种形象，这就是她能迅速走红的原因之一。

账号"itsRae"是一个旅行博主，属于自由职业（如图2.5所示）。她的人格是一个高知美女，短视频内容以分享旅行Vlog为主，带粉丝感受异域风情和各国之间的文化差异。从她的视频中，可以感受到她将生活中的仪式感放大到旅行中，以此带给粉丝幸福感。事实上，旅行博主是很多人非常羡慕的职业，这个职业自由、浪漫，但同时又十分不稳定，因此大家尽管羡慕，却很少人会选择从事这个职业。而"itsrae"的存在正好满足了用户的这一需求，以旅行博主这一职业介绍千奇百怪的异域生活，可以说，她的吸引力最主要来自职业设定。

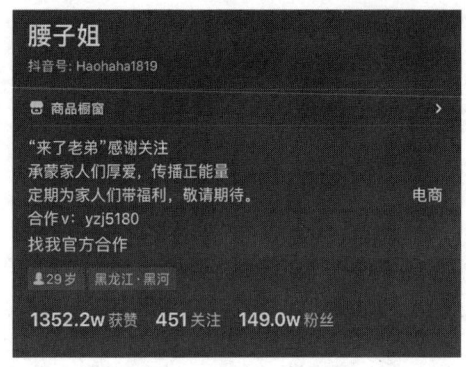

图 2.4　账号"腰子姐"个人主页

图 2.5　账号"itsrae"个人主页

账号"名侦探小宇"人如其名，是一名侦探（如图2.6所示）。她的视频内容就是抖音版的《法制进行时》，主要是以破案的形式，讲述犯罪套路与如何反套路。悬疑作品一直都是特别受欢迎的类别，《福尔摩斯》和《名侦探柯南》在全球范围内能够收获大批的粉丝，就体现出了大众的偏好。但是，侦探这一职业似乎都是出现在文学作品或

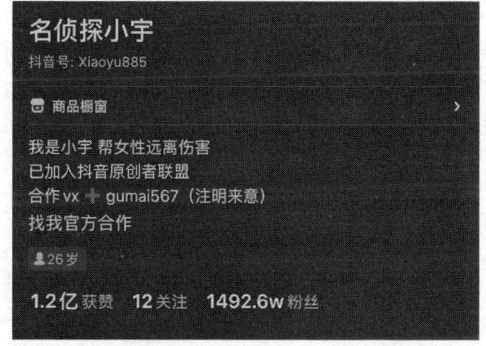

图2.6 账号"名侦探小宇"个人主页

影视作品中的，我们在日常生活中很少遇到。因此，当小宇以侦探作为自己的职业设定时，就会立即吸引大批粉丝围观，只要再辅以质量过硬的视频，就能够轻松走上网红之路。

这就是人格设定的第一要素——职业在抖音账号的调性树立中的作用。各位新手创作者在思考自己想要打造一个什么样的账号时，一定要先考虑好，自己要在账号中，以什么样的职业出现在粉丝的视野中。

除此之外，场景也是短视频的人格设定需要具备的要素之一。某一账号在拥有职业设定的人格之后，还要对场景进行规划。所谓场景，就是人物形象落脚的地方。和职业一样，场景也可以按照用户的熟悉程度分为熟悉的场景、陌生的场景以及新奇场景。熟悉的场景就是日常生活中随处可见的地方，如超市、医院、公园、教室等；陌生的场景是比较不常见的，如野外、养殖场、国外风景区等；新奇场景则带有一定的特殊性，如古堡、飞机驾驶舱、时尚秀场等。

在挑选场景时，建议创作者首先考虑自己之后所要销售的产品。比如要打造一个果农自媒体账号，拍摄视频时选择的场景就应该在自家的果园中。对于熟悉的场景，应该尽量体现其中的陌生因素，以学校为例，每一个人都有过学生时代，对学校是很熟悉的。但是很多人又确确实实离开学校很久了，在选择学校作为拍摄场景时，应该尽量突出学校在这些年发生了什么变化，引导评论进行讨论。

选择熟悉的场景时需要挖掘其中的新鲜点，而新奇场景则自带陌生与新奇属

性。比如，对于大部分人而言，高空作业是一个很危险，但同时也很刺激的工作，且他们的工作并不常出现在大众的视野中，带有一定程度的神秘感。账号"风电小哥"发布的电力工人在高空作业的视频，就展现了一个新奇场景，这种新奇感为视频吸引了200多万次点赞。

短视频人格设定的第三要素是人物关系。在大部分账号中，创作者不是以单人的形式出现的。一般来说，出现两个人及以上人物的短视频会涉及父子/母子、兄妹/姐弟、情侣/夫妻、人与动物、老板与下属或者陌生人之间的关系等。合理地规划运用视频的人物关系，可以更好地塑造创作者的人格。

比如账号"你的芽芽"，账号主体是一个拥有双胞胎哥哥的女生，其大多数视频都是双胞胎哥哥的"宠妹"日常。由于此前几十年内推行的计划生育政策，我国如今的独生子女数量庞大，很多独生子女都渴望拥有兄弟姐妹，而账号"你的芽芽"视频中的人物关系恰好满足了大部分粉丝的情感需求。可见，人物关系运用得当，对于账号运营的作用是巨大的。

职业、场景与人物关系构成了短视频账号人格设定的三个维度，也是策划短视频脚本时的重要支撑点。规划好这三个方面，实现抖音账号的人格化，就能为账号运营奠定坚实的基础。

2.2 粉丝群体的画像规划

确定了抖音账号的风格之后，其实也就相应地确定了该账号的粉丝群体。根据抖音发布的《2019年抖音数据报告》可以看出，不同年龄阶段的用户喜欢的领域是截然不同的。"60后"最喜欢拍摄与舞蹈相关的视频，最喜欢观看与婚礼相关的视频；"70后"最喜欢上传的是美食视频，喜欢观看关于手工制作的小视频；"80后"大多是一些新手爸妈，他们最喜欢发布亲子类视频，喜欢观看风景类的视频；"90后"向往自由，他们时常喊着"世界那么大，我想去看看"的口号，因此也最喜欢上传风景类的视频，最喜欢观看与生活探店相关的视频；而"00后"的年轻人喜欢发布与二次元相关的内容，最喜欢观看萌宠类视频……

在帮助创作者运营账号时，有一些创作者会有这样的疑问：在刚确定账号的垂直领域，还未收获粉丝时，怎么能知道账号的粉丝群体会是哪一群人呢？其实，解决这一困惑最简单的方法就是去研究同行已成熟的账号。俗话说，"他山之石，可以攻玉"。目前抖音平台已经发展了好几年，各个领域都已经发展出了许多网红账号。这些账号从创建之初就开始经历重重筛选，他们的账号风格和运营方式是在实践中历经检验后胜出的。因此，作为后来者的我们，只要耐心研究这些先行者的粉丝群体，就可以知道自己运营的同类账号会收获什么类型的粉丝了。

在确定粉丝群体后，根据对粉丝群体的画像规划，账号的风格应该与粉丝的喜好保持一致。因此，创作者在前期应该针对不同年龄段的粉丝群体，设计不同类型的账号风格，策划相应的账号内容。而前期的粉丝群体画像以及账号风格，又在一定程度上决定了后期的变现方式，也决定着账号所能达到的顶点。

2.3 如何包装账号

研究完账号所发布的内容分类后，创作者需要注册一个抖音账号。有些创作者会重新使用自己此前的账号，但是发布过原创视频的账号，如果在一定时间内浏览量不佳的话，就会被抖音平台判定为普通账号，不会再给予流量扶持。因此，如果下定决心打造一个热门账号，最好还是重新注册抖音账号，并按照先包装、再养号的方法一步步来运营，如此更容易打造热门账号。

所谓账号包装，其实就是指账号的昵称、头像、简介等信息的完善。人靠衣裳马靠鞍，只有经过合理的包装，才能让账号更快速地吸引粉丝。注册完抖音账号之后，一定要对个人信息进行完善，完善程度越高的账号越能得到系统的推荐，初始权重越高，成为红人的可能性也就越高了。

账号包装看似简单，其实是很有讲究的。在完善个人信息时，创作者有什么需要注意的事项呢？

首先，头像的类型大致可以分为真人照片类、动物类、风景类、文字类、卡通类这几种类型。大部分账号在选择头像时，最好优先选择真人照片，而且照片风格

23

要符合账号的定位（如图2.7所示）。例如，职场类的账号头像最好使用创作者本人穿着西装革履的照片，音乐类的账号可以使用在录音室的照片，颜值类账号可以使用创作者本人的精修照片等。

图 2.7　真人照片类头像

动物类账号比较有亲和力，一般适用于萌宠类账号。比如账号"火锅和噗噗噗"，就是使用狗狗"火锅"的照片作为头像的。

风景类头像适合带有旅行、摄影性质的账号，可以让用户在刷到视频时，通过头像一眼辨别账号的属性，提高用户向粉丝转化的效率。比如账号"三亚旅拍创意摄影"是居花翔摄影工作室的官方账号，主打婚纱照、个性写真以及微电影等高端定制旅拍。该账号的头像使用的是三亚的自然风景照片，在夕阳下的海面上，有人乘着一艘帆船出海，充满浪漫气息，也将三亚最突出的"海"的元素表现出来，与账号的属性十分契合。

文字类账号的特点是清晰明了，可以让粉丝一目了然地掌握账号内容。比如账号"带你学自媒体"的头像是简单的文字头像，粉丝只需要看到头像就能知道这是一个教学类账号，内容是教粉丝如何运营自媒体。

使用卡通头像的大多为发布二次元相关内容的账号，这类账号使用卡通头像可以强化风格特色，更加吸引粉丝。在使用卡通头像时，需要使用与账号发布内容相关的卡通图片作为头像，比如账号"女性健康"在使用卡通头像时，最好使用女性的卡通形象，而不是诸如蜡笔小新、汤姆猫等形象。

其次，需要为自己的账号取一个昵称。在取名时，可以遵循一个思路："谁""在某地""做了什么"。具体来说，"谁"意味着昵称必须体现出创作者的名字，最好是取一个朗朗上口的名字，方便粉丝在评论区进行互动，比如"嘟嘟""萌萌""琪琪"等（如图2.8所示）。如果粉丝想与创作者进行互动时不知道该如何称呼，可能就会打消互动的念头，这对于提升账号热度是十分不利的。

图 2.8　账号"李嘟嘟"个人主页

"在某地"指的是主播所在的地域。在昵称中展示所处地区，可以为创作者带来大量的同城粉丝，也可以吸引想要到此地旅游或工作的粉丝。而"做了什么"指账号的主体在做什么，也就是视频所涉及的内容和领域。比如账号"二十吃垮成都"（如图2.9所示），"二十"为创作者的昵称，"成都"是创作者所在的地区，而"吃垮"则点明了创作者是一个美食博主，她所发布的视频内容是关于成都美食

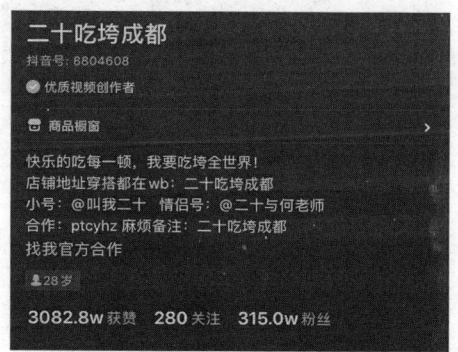

图 2.9　账号"二十吃垮成都"个人主页

的。从账号昵称中，粉丝可以了解到这个账号的大部分内容，极大地节约了粉丝的时间，提高该账号的传播效率，可以说是一个很成功的示例。

在取昵称时，一定要注意不要使用生僻字。昵称最主要的作用是为粉丝与创作者交流提供方便，如果使用了生僻字，粉丝既不知道昵称的读音，也打不出这个字，昵称就会失去它原本应有的作用。

最后，填写个人简介也是很重要的，即用简短的一句话介绍自己。个人简介一定要符合创作者的个性和账号的内容风格，同时，鲜明的个人简介也会更加凸显账号的调性，这两者是相辅相成的。在确定自己的个人简介时，有三点需要注意：一是简介中一定要包含垂直领域的关键词。众所周知，抖音平台会抓取各个用户的昵称和简介来对用户进行领域分类，并将其视频投放到相应的人群中。在简介中填写垂直领域的关键词，有利于系统更好地对账号进行分类。系统分类后会为你推荐相同领域的流量，就更容易打造网红账号。如账号"虎妈宠物小课堂"（如图2.10所示）的个人简介中，清楚地写明了自己是"每日分享宠物小知识"的博主，其中"宠物""猫犬""健康"等都是垂直领域的关键词。

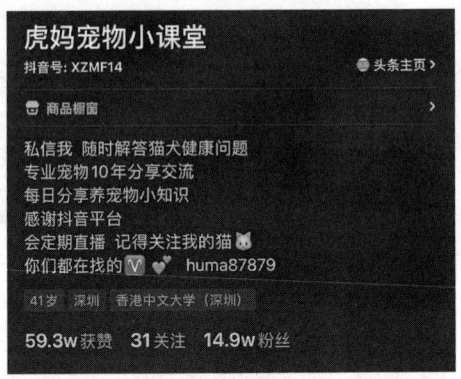

图 2.10 个人简介范例

二是简介中不能包括营销词或违禁词（如图2.11所示）。在刷抖音时，只要创作者细心留意就可以发现，许多博主在制作视频字幕时，会用谐音字代替"钱""微信"等关键字眼。这是因为无论是在个人简介中还是短视频的文案里，营销词和违禁词都是平台的红线，一定不要去触碰，否则会面临被封号的风险。即使没

严禁使用违禁权威性词语：
1、严禁使用国家XXX领导人推荐、国家XX机关推荐、国家XX机关专供、特供等借国家、国家机关工作人员名称进行宣传的用语；
2、严禁使用质量免检、无需国家质量检测、免抽检等宣称质量无需检测的用语；
3、严禁使用人民币图样（央行批准的陈外）；
4、严禁使用老字号、中国驰名商标、特供、专供等词语。

严禁使用极限用语：
1、严禁使用国家级、世界级、最高级、第一、唯一、首个、首选、顶级、国家级产品、填补国内空白、独家、首家、最新、最先进、第一品牌、金牌、名牌、优秀、顶级、独家、全网销量第一、全球首发、全国首家、全网首发、世界领先、顶级工艺、王牌、销量冠军、第一（N0.1\Top1）、极致、永久、王牌、掌门人、领袖品牌、独一无二、绝无仅有、史无前例、万能等；
2、严禁使用最高、最低、最、最具、最便宜、最新、最先进、最大程度、最新技术、最先进科学、最佳、最大、虽好、最大、最新科学、最新技术、最先进加工工艺、最时尚、最受欢迎、最先、等含义相同或近似的绝对化用语；
3、严禁使用绝对值、绝对、大牌、精确、超赚、领导品牌、领先上市、巨星、著名、者侈、世界/全国X大品牌之一等无法考证的词语；
4、严禁使用100%、国际品质、高档、正品、国家级、世界级、最高级最佳等虚假或无法判断真伪的夸张性表述词语。

严禁使用违禁时限用语：
限时须有具体时限，所有团购须标明具体活动日期，严禁使用随时结束、仅此一次、随时涨价、马上降价、最后一波等无法确定时限的词语。

严禁使用类"点击XX"类词语：
严禁使用疑似欺骗消费者的词语，例如"恭喜获奖""全民免单""点击有惊喜""点击获取""点击试穿""领取奖品""非转基因更安全"等文案元素。

严禁使用刺激消费词语：
严禁使用激发消费者抢购心理词语，如"抢爆""再不抢就没了""不会再便宜了""错过就没机会了""万人疯抢""抢疯了"等词语。

图 2.11　抖音平台营销词、违禁词示例

被封号，也有可能会影响账号的权重，使其在流量分配中处于劣势，得不偿失。

三是在简介中说明"我是谁""我有多厉害"以及"我能提供什么价值"，尤其是最后一点。粉丝的关注动机主要是出于账号的创作者能提供什么样的价值，带来什么好处，比如可以学到知识、可以放松身心、可以得到关于某个城市有哪些美食的信息等。在个人简介中言简意赅地描述这几点，可以让粉丝更快速地了解你，从而赢得关注。比如账号"壹心理"（如图2.12所示）的简介为"每天一个心理小知识"，通过这个简介，粉丝就会知道关注这个账号每天可以学习一些关于心理学的小知识，这就是该账号的价值所在。

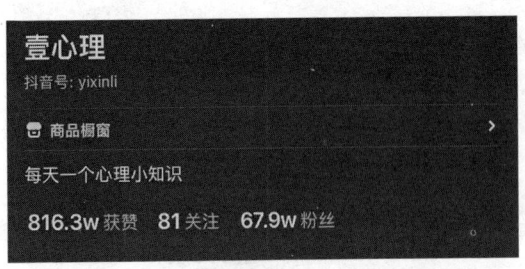

图 2.12　账号"壹心理"个人简介示例

"头图"也是完善个人信息时很重要的一点。设置"头图"应注意不要使用含有过密文字的图片，还要与账号的风格保持一致。比如账号"雪梨cherie"的头图是一张唯美的写真加上以文字形式呈现的店铺相关信息（如图2.13所示），且这张写真中雪梨用鲜花挡住半张脸，侧面望向镜头，十分唯美，符合她一贯的时尚、潮流的形象，与账号风格相得益彰。

除了头像、昵称和简介，个人账号信息还包括诸如身份认证、所处地区等其他信息。创作者一定要重视其他信息的完善，如实填写，

图 2.13　账号"雪梨 cherie"头图示例

这样可以帮助系统更好地判断账号的属性，也能有效地提高账号在流量分配中的权重。

2.4 账号养号攻略

包装完账号后，是不是就可以马上发布视频了呢？不要急。全新的抖音账号在运营初期都会有官方的流量扶持。通过对账号的前3~5个视频进行标签测试，抖音系统后续还会推荐更多精准的用户，使这些账号产生的优质视频获得更多互动（转发、评论、点赞）和推荐。因此，包装完之后，还要先养号。磨刀不误砍柴工，养号就是磨刀的过程，可以让账号在正式开始运营后的走红之路更为顺畅。

"养号"是什么呢？说白了，"养号"就是指模仿普通用户的行为，以刷视频为主，播放其他账号发布的视频作品。经过这一系列的行为，让系统将这个账号判定为正常用户所使用的活跃账号，从而得到流量扶持。而且，"养号"这一行为不只是针对新号而言的，一些权重下跌严重的账号也可以暂停更新，使用"养号"攻略来挽救账号。接下来，让我们分别谈谈这两种情况应该如何"养号"吧！

新号养号步骤

对于新注册的抖音账号来说，"养号"需要每天分3个时段，每个时段各刷10-15分钟的抖音，并进行点赞、评论、收藏、转发等互动。在刷视频时，最好选择同类账号的视频，这样可以强化自己的账号所属的垂直领域特征，帮助系统更好地定位这个账号。为了达到这一目的，创作者可以对抖音推送的每个视频进行分类处理，如果刷到同类视频，就双击点赞，如果刷到其他类别的视频，可以长按屏幕，在操作页面选择"不感兴趣"这一选项（如图2.14所示），这样抖音系统就不会再给你重复推荐这个领域的视频了。三

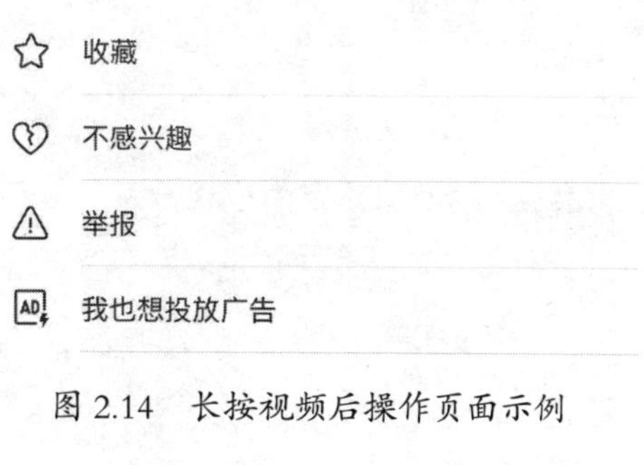

图 2.14 长按视频后操作页面示例

天或一个星期之后，可以尝试着每天发布1~2个原创作品，这样就能帮助账号提升推荐权重，更容易获得系统的推荐。

在运营新账号时一定要坚持"一机、一卡、一账号"的原则。简单来说，就是创作者需要准备一个专用的手机来登录要运营的账号，这一举动也是为了让系统认定该账号是一个正常的用户在使用，不是为了营销而批量运营的账号。如果系统认为账号存在刻意营销的行为，就有可能会对用户进行限流，限制账号的曝光。而且，创作者最好能在专用手机的通讯录里保存大量的联系人，因为抖音App会通过访问通讯录来为你推荐可能认识的人，也会由此把你推荐给其他人，这样做就可以提高系统对你的推荐量，提高账号的曝光率。

"老号"就是指注册了很久，可能只是用来观看别人的视频，也可能是已经运营过一段时间的账号。如果账号已经闲置很久，你又突然想要运营，可能会有一些朋友告诉你"这个号之前的发的内容太杂了，应该专注垂直领域，重新开个新号养才可以火"之类的话。这是真的吗？其实，并不完全是这样的。

"老号"之所以比较难火起来，就是因为它前期没有好好运营，已经过了抖音平台的流量扶持期，曝光率比较小。但是这并不意味着"老号"已经病入膏肓、无力回天了，只要经过"养号"流程提高账号的推荐权重，一样可以重新获得系统的信任，得到流量扶持。那么，如果我们准备养一个权重受损的"老号"，又应该怎么操作呢？

只要你的账号此前没有违规行为，都可以留着继续使用，把它养起来。所以我们要做的第一件事就是确定一下账号权重受损是否与出现违规行为有关。在抖音平台，什么是违规行为呢？大部分账号会有这样的情况存在：为了涨粉或是涨赞，创作者会通过各种非官方的渠道，以付费的方式刷粉、买赞、买评论、买转发等。像这样的行为，就属于违规操作。此外，发布内容不健康或涉及敏感话题的视频作品也会被抖音官方认定为违规行为。这在具体运营中是一定要极力避免的。

如果账号此前存在过违规情况，最好的处理方法就是直接把它注销，再重新申请一个新的账号。因为账号的违规行为是会永久留存的，即使违规账号当时没有得到处罚，也不意味着系统没有记录你的违规行为。当你花费大量的心血，将账号运营到拥有5万粉丝，甚至10万、几十万粉丝时，很有可能会在平台的追溯倒查中，因为一个很小的违规行为被处罚，甚至是被封号。一旦被封号，之前的努力就全都付诸东流了，这样的风险是很大的。因此，最好不要在精心运营账号的道路上埋下这样一颗雷，尽早将曾经有过违规行为的账号注销才是明智之选。

注销一个账号需要等待7个工作日，才能将原来绑定账号的身份证解绑，再用这个身份证来重新注册账号。另外，需要注意的一点是，如果账号违规过，曾经登录过这个账号的设备也需要进行"消毒"。安卓手机可以用恢复出厂设置功能来抹去账号的痕迹，苹果手机则需要退出帐号ID，擦除设备中所有关于账号的记录。这样操作之后，就可以注册新的账号，并按照前面所提到的新号的"养号"方法开始运营。

对于没有违规过，但是由于长时间的活跃度太低而导致权重下降的账号，我们就可以通过类似于新号的"养号"操作来处理。不过，有一些用户在此前没有运营思路的时候，漫无目地拍摄并发布了很多短视频。这些短视频的播放量全都很低，点赞、评论等互动数量也少得可怜。

这些在你正式"入门"前的作品该怎样处置呢？最好的方法就是把这些视频隐藏起来，设置为仅有自己可见的私密视频。而且，对这些视频，一定要慢慢地隐藏，不要在某一个时间点将所有视频作品一起设置隐藏，更不要删除这些视频。抖音官方是不建议用户删除之前的作品的，因为抖音平台的发展需要许多用户发布大量的视频作为支撑，如果频繁地有人删除视频，对整个平台的长期发展是很不利的。

所以，只要把此前的作品隐藏起来，创作者就可以正式开始运营这个账号了。操作方法与其他新号一样，通过刷同一垂直领域的视频，适当地评论、点赞其他人的视频作品，让抖音平台重新确认你是一个正常的用户。

在实际运营操作中，我们还总结出了关于抖音养号的"五要做""八不做""两切忌"。这些细节操作是根据抖音平台的算法规则制定的，可以在短时间内有效地帮助系统辨识新账号的标签。

抖音养号"五要做"是指每天稳定登录（持续5~7天）；刷首页推荐、刷同城推荐（30分钟左右）；看相关领域的直播、视频，进行5~10条评论互动；翻一翻抖音的热搜榜单、挑战；关注三五个自己喜欢的账号。以上五种操作均保持正常频率即可，不要过量重复做这些行为。过犹不及，会导致系统将账号判定为营销号，得不偿失。

抖音养号"八不做"是指账号不要频繁登录、登出，用同一手机登录多个抖音号；注册账号后立刻发布作品，且一次性发布大量作品；使用定位模拟器，账号空间定位变化太快；用同一个手机、同一个IP批量注册账号；大量点赞，甚至很多视频不看完就点赞；频繁修改个人信息；同一WIFI下同时登录超过5个抖音号，模拟相同操作；重复同一行为，且中间没有其他操作（比如评论他人的视频时，发一条是加分行为，快速发十条相同内容的评论就会扣分）。

抖音养号"两切忌"一是抖音账号不能随心所欲，什么视频都发，做成了类似于朋友圈的样子，这样既不能保证粉丝增长，发布的视频也没有点击量，最后就变成了僵尸号；二是注册完抖音号后，不能立马发布一批短视频作品，容易被系统识别为存在营销行为而降低账号推荐量。

除此之外，在养号的过程中，还可以树立账号的垂直领域。在每天观看抖音短视频内容时，长按屏幕会弹出"保存至相册""收藏"和"不感兴趣"等几个选项。刷到与账号的垂直领域同类型的视频时，可以点击"收藏"，对于不同领域的视频，则点击"不感兴趣"。一段时间过后，系统就会获取你的兴趣领域，将你的账号自动划分到那个领域。这样做的好处就是，系统在推荐你的视频时，会优先推荐给有相同偏好的账户，视频获赞的几率就会比较大。

"养号"的本质就是要让系统认定账号进行的是正常的用户行为，从而提高账号权重，获得更多的流量推荐和曝光机会。其实，除了刚刚注册的新抖音账号之外，注册了很久，想要发视频的老抖音号、被平台警告或降权的抖音号、所发布的视频缺乏推荐量的低权重号也可以进行养号。抖音养号的时间一般在7天左右，当发布的视频平均播放量达到200~300左右时，就说明这个抖音账号养成了，接下来再持续发布作品就可以了。

2.5 账号更新频率

度过养号阶段之后，就可以开始发布视频了。相信很多创作者都摩拳擦掌，准备开始发布第一支短视频了吧！但是，在开始发布视频之前，你还需要了解视频的更新频率。如果是一个普通用户，可能哪天心血来潮时就会发布一个视频，大部分是在出去旅游或者和朋友聚会的时候。而对于想要通过运营成为抖音红人的创作者来说，这样的做法是万万不可取的。

在泛娱乐中，没有真正的一夜爆红，所有网红都是由热度的积累成就的，那些不经意间走红的人如果没有继续运营账号，就会在一段时间后归于平淡，逐渐退出大众的视线。此外，从账号的涨粉趋势来看，前期涨幅大，后期涨幅小。也就是说，到了后期即使你发了很多视频，涨粉的概率依旧会减小。想要快速涨粉，还是应该在运营前期多发作品。

因此，账号的更新一定要有规律，要让粉丝养成一种每天看到新视频的习惯，才能维持用户黏性，让账号的热度有增无减。时间久了，就会逐渐形成自己固定的粉丝群体，如果你没有更新视频，他们还会追着你更新，这才是网红账号的常态。

对于新手创作者来说，最好保持什么样的更新频率呢？这还得从抖音用户的活跃时间段来考虑。一般而言，用户喜欢在吃饭、出行和睡前休息时刷抖音。因此，抖音用户存在三个活跃时段。一是早上7点到9点，这一时间段中大部分用户都在上班的路上，是使用手机的高峰期。网上的统计数据表示，有62%的用户会在这一时段使用手机浏览资讯。除此之外就是中午11点30分到下午2点之间。这一时间段是用户在上班时的午间休息时间，一般都会用来吃饭和放松。现如今，许多人都养成了边吃饭边看视频的习惯，因此这也是用户活跃的高峰时段之一。第三就是晚上下班后的一段时间，大概在晚上6点至10点中间。在这几个时间段中，粉丝的活跃程度最高，可以保证视频发布初期就被大部分粉丝浏览到，从而被系统投进更高一层的流量池中，获得持续曝光。

在此理论基础上，我们建议大多数新手创作者在前期保持一天三次更新视频，或者转发一些同类型的好玩的视频，保持账号的活跃度。等到后期积累了一定的粉丝之后，粉丝涨幅变小，就进入了账号的瓶颈期。此时哪怕一天"五更"，对于涨粉的帮助也不大了，因此只要保证一天一更即可。

也有一些特殊领域的账号，可能没有办法保证一天多更。有些创作者会有这样的疑问：这个领域就是没有那么多内容可以支持一天多更，但是我又确实想做这个领域的账号，怎么办呢？对于这种情况，可以参考一下同行中比较优质的账号，看看别人保持着什么样的更新频率，与之保持同样的频率即可。

总而言之，想要运营一个爆款账号，一定要保持较高的更新频率。同样在电商领域的头部主播李佳琦，已经成为风靡全中国的带货达人，创造了独一无二的销售成绩。他在某次接受采访时曾经坦诚说过自己根本不敢休息，一年365天中，他直播了389场，因为整个平台中有几千位主播天天在直播，如果你不播了，流量就会被其他人抢走。同为电商领域的抖音平台也是如此，每天都有数以万计的创作者在输出内容，如果你的账号更新频率较低，就容易流失原有的粉丝，引发账号热度下降、进而出现平台推荐量下降的恶性循环。打造爆款账号靠的一定不是偶然的契机带来的一夜爆红，而是持续的内容输出，这是水滴石穿的功夫。

第三章
前期热度提升技巧

正如前文所述，运营账号不能寄希望于偶然爆红，掌握一定的技巧并熟练运用，才能使账号获得多关注。所谓账号热度的提升技巧，是在对平台规则进行研究之后归纳出的提高短视频曝光率的技巧，包括视频内容、话术、标题、定位、发布时间等。

3.1 如何策划第一个视频内容

确定了账号的调性和内容属性之后，就可以开始发布自己的第一个视频啦！第一个视频对于账号而言具有非常重要的作用，因为第一个视频可以获得抖音平台对新号的流量扶持，曝光机会激增，而且平台会根据你的前几个视频识别账号属性，为后期对你的视频作品进行标签化和智能分发做好基础。所以，创作者需要在第一个视频中让粉丝了解这个账号的调性、内容和风格。如果发布的第一个视频能成为热门视频，对于账号的发展是极为有利的。不过，万事开头难，第一个视频应该怎么发布呢？

第一个视频的主要目的，是要奠定账号的基调，比如账号要发布的是什么内容的短视频、这个账号能给粉丝带来什么好处等。这一点和个人简介部分的话术有相通之处。下面来看几个案例：

账号"译宝科技"的第一个视频就获得了5.5万的点赞数，为该账号带来了大量的关注。以下是他的第一个视频的话术："大家好，我是平哥。你有没有发现你花几十万甚至上百万买的豪车，音响效果却不佳。接下来我以我17年的经验，在抖音里面，分享关于汽车音响的专业知识，记得收藏哦！"可以看到，在第一个视频中，"译宝科技"首先用了一个开场白，向大家介绍自己的名字为"平哥"，简单易记，也方便粉丝与创作者进行互动。此外，他向粉丝提出了一个问题，即生活中买的豪车的音响设备不佳，对于热爱音响的粉丝来说，这个问题是他们的痛点，能够一下抓住粉丝的求知心理，赢得关注。最后一句话"记得收藏哦"，则再次提醒粉丝对这一视频进行点赞或收藏，以便观看创作者的下一个视频。

"天元区娜姐商行"是一个教授唱歌技巧的账号，她的第一个视频获得了39万点赞，目前拥有了近62万粉丝。她的第一个视频话术是："大家好，我是娜姐。你有没有发现，你在K歌房因为唱不好，五音不全，遭到了朋友的嘲笑。接下来我将以我11年的行业经验，在抖音里面教你，如何把歌唱好，让你一开口就成为歌霸。记得关注哦！"与账号"译宝科技"一样，这个视频也是在一开始就说明了自己的名字是"娜姐"，一个十分常见平凡的昵称。随后，"娜姐"也提出了一个观众的痛点，即许多人在KTV唱歌时五音不全，可能会遭到朋友的嘲笑，引起粉丝的共鸣。紧接着，她表示能教授一些唱歌技巧，并且表明了自己是拥有十几年行业经验的"专家"，阐明账号所要发布的视频内容，获得粉丝的信任，从而达到涨粉的目的。

账号"环姐姐教花艺"的主要内容是教粉丝们如何插花，她的第一个视频获得了13.4万点赞，目前已经积累了24.9万粉丝。她的第一个视频话术是："大家好，我是环姐姐。十二年前去法国学习花艺，至今已研究出1000多种花艺制作方法。接下来我将在抖音里面分享各种花艺，马上让你成为插花高手，记得关注哦！"这一段话术也包括了创作者的昵称，创作者的专业水平以及粉丝关注之后能得到什么等内容，因此可以吸引粉丝的视线，得到关注。

以上三个账号的第一个视频话术其实是大同小异的，都是在向粉丝传递账号的垂直领域信息，因此容易吸引相关领域的粉丝的关注。其中最重要的一点就是一定要告诉粉丝，你能为他们带来什么？这是一个账号吸引粉丝的根本所在。在第一个视频就说明这一点，也是为了给整个账号的运营奠定基础。

3.2 发布视频时如何撰写标题

在研究抖音平台的规则时，我们曾做过一个实验：将两个发布相同内容的账号进行对比，二者发布的视频内容相同，发布时间相近，但是其中一个在发布时并没有撰写标题，另一个则精心编辑了标题。连续发布一个月的视频之后，精心编辑标题的账号已经积累了近40万粉丝，而另一个账号却连1万粉丝都没有达到。这就是文案的力量！

文案是短视频的外在包装，写出足够吸引人的文案才能更好地吸引粉丝观看视频。在抖音平台，文案也称为标题，需要控制在10至30个字之间，最好能保证在20个字左右。从运营的角度来说，短视频作品的文案要么得抓住当下的流行热点，要么得直击粉丝的痛点，才能对粉丝造成心理冲击，促使他们观看视频。那么，抖音平台的文案一般都有哪几种风格呢？

抖音文案类型

第一种文案类型是最中规中矩的，即简单地描述或总结视频内容。这是最保险的一种文案类型，不求有功，但求无过，很适合新手使用。比如账号"雪梨cherie"发布了一个由自拍集锦合成的视频（如图3.1所示），配的文案是："分享一下近期的私服穿搭"。这就是典型的描述视频内容的文案，将视频的前因后果娓娓道来。

账号"嗨二兄弟"发布的致敬白衣天使的视频，搭配的文案是："30号就是国际医生节了，这段时间你们辛苦了。你们是真正的英雄！为每一位白衣天使加油！"。这一文案简单直接，告诉粉丝这段视频是在国际医生节到来之际，向医护

图 3.1 文案示例

人员致敬的。此外，文案中还带了相关话题，可以增加视频被看见的概率，吸引更多流量。

第二种文案类型是互动型。简单来说，就是在文案中使用疑问句式或其他句式，与粉丝互动。这一类文案又可以分为三种，一是行为类，常用的句式有"同意的点赞""喜欢的留下你的小爱心"等；二是情景模式，常用的句式有"你在2019年做过的最后悔的事情是什么""榜单上的电影你看过几部"等；三是经验分享类，常用的句式有"你遇到过哪些心酸的事情""放弃喜欢的人，你用了几年"……

图 3.2　文案示例　　　　　　　　图 3.3　文案示例

　　比如，账号"雪梨cherie"发布的视频是她穿着店铺的新款衣服的自拍照（如图3.2所示），搭配的文案是："粉色 or 灰色，你pick哪个色？"使用这样的文案有一个好处，就是可以引起评论区的互动，增加账号热度。

　　又如账号"姜十七"（如图3.3所示）在发布视频时配的文案是："用夏天、冲浪、十七、西瓜造个句吧！看你们的了"，这一文案带上了话题"百万演技大赏"，有利于获得更多曝光。同时，这一文案也是互动型的，在询问粉丝如何用这几个关键词造句，一样能引导粉丝在评论区对这一问题进行回答，使评论区更加活跃。除了这两个例子，还可以用"A和B你更喜欢哪一个？"这种带有对比、选择的疑问句来进行提问，其评论引导性更强。如果是争议性话题，不同选择的粉丝各执一词，可以在短时间内极大地提高视频的评论数，这对打造爆款视频十分有利。

　　第三种文案类型是运用抖音热词来撰写文案。抖音作为时下最流行的视频内容生产软件之一，在一定程度上引导着网络潮流的方向，也时常产生一些爆款金句。恰当地运用这些金句来撰写文案，可以增加账号的趣味性。比如账号"嗨二兄弟"发布了一则整蛊朋友的视频动态，搭配的文案是："今天是天真"无鞋"的一天！"在这一段文案中，"无鞋"源自于沈腾与马丽在春晚舞台上合作的小品《今天的幸福2》中的金句："打败你的不是天真，是'无鞋'"。看到这样的文案，粉丝就会觉得，这个博主与自己一样都是经常刷抖音的人，是有梗、有趣的人，比较容易产生关注博主的念头。

　　第四种文案是设置悬念型。通过在文案中设置悬念，来使粉丝坚持看到视频结束，提高完播率。比如账号"姜十七"在发布视频时，写的文案是"一夜之间，（我）改'邪'归正，只因我发现了他的秘密……"（如图3.4所示）。在这个案例中，创作者并没有明确写出女儿发现了父亲什么秘密，而是巧妙地运用省略号设置了一个悬念，激发粉丝的好奇心，让大家都好奇这个秘密到底是什么，也使视频变得更加扣人心弦。

图 3.4 文案示例

账号"姜十七"在另一个视频中,使用的文案是:"只有我觉得最后一套衣服很A吗?"(如图3.5所示)这样的话术可以极大地激起粉丝的好奇心,想看看最后一套衣服到底是什么样子的。这也在无形中提高了视频作品的完播率。设置悬念是撰写文案时特别有效的一招,可以反复使用。

抖音文案撰写技巧

了解完文案的基本类型,可能有些新手创作者还是会觉得无从下手,文案到底应该怎么写呢?怎么才能知道自己的账号适合哪种类型的文案呢?除了熟悉并运用以上四种类型的文案,还有一些技巧可以帮助新手创作者们编写自己的视频文案。

图 3.5 文案示例

抖音文案的撰写技巧一是多看抖音的评论,帮助新手创作者更快地找到写文案的灵感。众所周知,抖音之所以能够吸引大量的日活用户,有趣的视频内容是一方面,评论区的神评论也是另一方面。例如账号"荷包蛋"发布了一个视频,内容为家长为了让孩子吃药,把盒装果汁掏了个洞,将吸管引到药中骗小朋友喝下,小朋友尝了一口发现味道不对,后退了一步。视频下面最热的神评论为"你退后的动作认真的吗",这句话源自歌手薛之谦的《绅士》里的歌词"你退半步的动作认真的吗",将这句歌词引用到这个视频中恰到好处,是一种巧妙的移花接木。如果视频创作者在撰写文案时能够想到这个梗,则更能凸显创作者的幽默和账号的搞笑属性。

又比如账号"成昊泽习惯过了头"发布了一则体育生从床上翻下来的视频，站到地面上之后，主角却因头晕好几次没能成功穿上拖鞋。评论区最热的内容是"下床挺灵活，穿个拖鞋整不利索"，巧妙地抓住了创作者下床的灵活与穿拖鞋时的笨拙之间的反差感，制造了笑点。

抖音的评论区一直是很多用户的乐趣所在，这些神评论汇集了众多用户灵光一现的智慧。如果创作者在撰写文案时总是觉得缺乏灵感，不妨在平时浏览抖音时，多多关注评论区，遇到令人拍案叫绝的文案，也可以拿小本子记下来，以备后用。

其二是可以在文案中带上近期比较热门的话题。在刷抖音时，有时我们会发现很多热门视频都在讨论同一个话题，这就是所谓的热门话题。热门话题之所以能成为热门，一定是能够戳中大部分用户的痛点或需求，引起网友的共鸣。如果创作者发布的视频恰好与时下热门的话题有关联性，也可以在文案中加上话题，提高视频的曝光度，让更多浏览该话题的用户有机会看到。那么，除了创作者自身的观察，如何快速地了解当下热门的话题呢？其实，抖音平台的官方号"抖音小助手"每天都会自动推送热门话题（如图3.6所示），创作者只需要时时关注，就能轻松地跟上抖音的潮流趋势，获取最新的热点话题，将其运用在创作中，打造爆款视频。

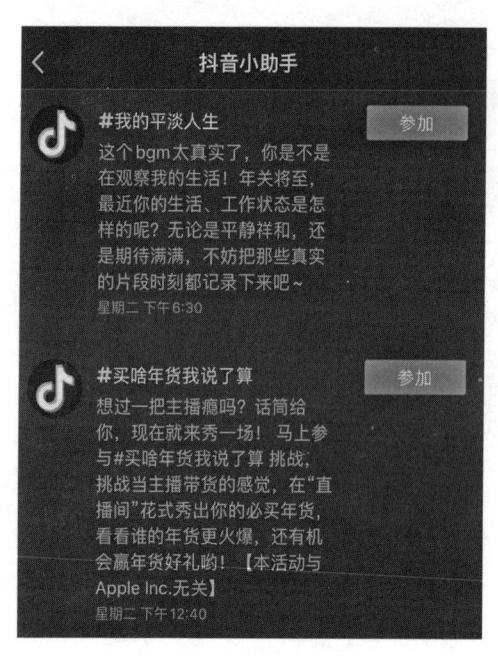

图 3.6 抖音小助手页面

此外，创作者也可以在平时多看看同行发布视频时使用的文案。对于抖音账号的运营者来说，同行既是一位老师，也是一面镜子，研究同行发布的视频，既可以学到运营的方法，也能提前规避一些不必要的失误。因此，在撰写文案时，也可以通过观察同行的文案，借以启发自己。不过，选对老师很重要。在参考同行时，一定要注意选择内容质量好、专业程度高的账号，有选择地进行学习、模仿，取长补短，才能对自己有所帮助。

虽然文案对于抖音账号的运营而言十分重要，但是切忌由于太过重视文案，而将文案写得冗长、刻意。最好的文案，一定是可以直击粉丝心灵的，需要瞄准粉丝的痛点精确出击，而不是靠文字的堆砌来引起注意。

文案就像是视频内容的外衣，其好坏关乎一个视频，甚至是一个账号的成败。优秀的文案可以为视频锦上添花，吸引粉丝看完视频，提高视频的完播率。因此，在运营账号时，一定要在文案上多下功夫，出奇制胜，为视频内容增光添彩。

3.3 如何选择视频定位

在发布视频时，可以选择带上位置定位，也可以不带定位。不过，带与不带究竟有什么区别呢？在选择视频定位时又有什么技巧呢？这些问题的背后，就是可以决定一个账号成败的细节。

我们对创作者的建议是，发布视频时最好可以带上定位。发布视频时选择定位，可以帮助平台为创作者推荐定位地点附近的流量。对于专注本地领域的账号来说，带上定位之后，系统可以帮助创作者推荐本地的用户来观看，相比不带定位的视频接收到的流量更为精准。比如账号"婷婷的北京美食攻略"，其主要视频内容是探访北京的美食店铺，细心观察可以发现，她的每一个视频都带上了店铺的地址，这不仅可以方便粉丝更快地寻找店铺位置，也可以使抖音平台更好地向周边的用户进行推荐覆盖，吸引潜在粉丝。

对于其他账号的创作者来说，可以选择与垂直领域相关的地点作为定位。比如账号"小毅"是一个发布电玩城相关视频内容的博主，在发布视频时，他也会带上"天空之城"电玩城的地址，以此来吸引粉丝，并获得了大量的点赞。通过这些例子可以看出，发布视频时带上定位，确实对视频热度的增长有一定的帮助。

除此之外，创作者在选择视频定位时，需要注意尽量选择人流量大的地点作为定位地点。因为人流量越大的地点越容易有更多的用户，可以增加视频被播放的概率，最大限度地提升视频的热度。除了定位在具体的地点，你也可以选择城市作为定位（如图3.7所示），比如北京市、上海市，不具体到某一片区或街道，可以让你获得更多流量，但是相对的，这样子匹配到的流量精确度也会有所下降。这一点可以根据创作者的个人需求来选择，如果你需要很精确的流量，就定位在具体的店铺、街道，相比之下如果你更需要大量的流量，无关准确度的话，就可以选择定位到整个城市。

图 3.7 视频定位示意

3.4 如何选择视频发布时间

前面我们谈到了视频发布时如何选择定位的话题，其实，像这种提升视频热度的小技巧还有很多。细节之处方能见输赢，很多时候，你的视频与别人的爆款视频之间的差距，就体现在这些细节上。谈及提升视频热度的小技巧，就不得不讨论一下视频的发布时间。

在第一章讨论账号更新频率时，我们曾经提到抖音用户存在三个活跃时间段：一是早上7点到9点，二是中午11点30分到下午2点，三是晚上，大概在18点至22点。在第一个时间段中，大部分用户都在上班的路上，是使用手机的高峰期，有62%的用户会在这一时段使用手机浏览资讯。

第二个时间段是用户在上班时的午间休息时间，一般都会用来吃饭和放松。现如今，许多人都养成了边吃饭边看视频的习惯，因此这也是用户活跃的高峰时段之一。不过相比而言，这一时间段使用手机的大部分是高校学生和都市白领，用户群体为这几个领域的账号可以着重在这一阶段发布视频。

第三个时间段是入睡前的放松阶段，活跃用户较多，适合发布视频。QuestMobile的2019中国移动互联网"夜间经济"报告显示，对移动互联网行业来说，夜间（18点～22点）恰好是用户高度活跃的时段，尤其是坐标在南方的用户（上海、重庆、广州、深圳四城市在用户活跃度Top 5中占四席）、男性、未婚人群，发布符合这几组人群需求的短视频将更容易吸引关注，获得更高的曝光度。

此外，在QuestMobile的夜间用户画像中，二线及以下城市的30岁以下男性用户的消费能力更高。因此，当创作者的潜在消费者属于这类人群时，可以选择尽量在这一时间段内更新视频，有利于提高账号热度，实现带货变现。

抖音的推荐机制将流量分为八个级别的流量池。当后台接收到用户新发布的视频后，系统会首先将一部分视频投放到较小的流量池中进行推荐，这部分视频中得到的转、评、赞较多或完播率较高的优质视频将被系统投放到更高一级的流量池，继续与其他视频进行PK。因此，视频发布初期就获得较多的转、评、赞对于能否打造爆款视频十分重要。在上述的几个时间段中，粉丝的活跃程度最高，可以保证视频发布初期就被大部分粉丝浏览到，从而被系统投进更高一层的流量池中，获得持续曝光。对账号运营来说，选择正确的发布时间至关重要。

需要注意的是，如果发布的视频时长较长，则需要创作者提前进行发布，以防抖音平台审核时间过长，错过视频发布的时间段。掌握合理的视频发布时间，就可以事半功倍，减小许多阻力。不过，运营方法并非一成不变，千万不能墨守成规。在账号运营初期，创作者也可以以控制变量的方法去实验，看看在哪个时间段发布视频更适合自己的账号，通过实践来确定账号的运营策略会更为稳妥。

3.5 如何策划视频时长

在抖音拍摄视频时，有15秒与60秒两个选项。一般来说，普通用户可以发布60秒以内任意时长的视频，也有一些特殊账号可以发送1分钟以上的长视频。对于新手创作者来说，在策划视频时，多长的视频才是最优选择呢？

2018年年底，抖音平台推出了2分钟长视频和5分钟长视频的内测活动，随后又延长了视频的时间限制。不过目前这个服务只有两个渠道可以开通，一是抖音平台向符合条件的用户单向邀请开通，拥有30万以上粉丝的用户可以通过特定申请开通，由官方推送邀请开通的通知，拥有50万粉丝以上的账户可以在后台提交申请，由官方审核后即可开通；二是与抖音官方有商业合作关系的用户也可以开通这一功能。如账号"姜十七"拥有1695万粉丝，就可以开通长视频功能（如图3.8所示）。

不过，像"姜十七"这样发长视频的创作者还是少数，大部分创作者即使拥有了发布长视频的资格，也会继续将视频时长控制在1分钟以内，甚至越短越好。这是为什么呢？在此就必须提到一个概念——"完播率"，熟悉抖音平台规则的创作者都明白，完播率的高低对于账号权重而言十分重要。有数据显示，在抖音，相比于15秒以上的视频，15秒以内视频的完播率提升了96.3%，转发和评论率分别提升了3.03倍和5.45倍。因此，还是建议创作者在制作视频时，尽量将视频时间压缩在15

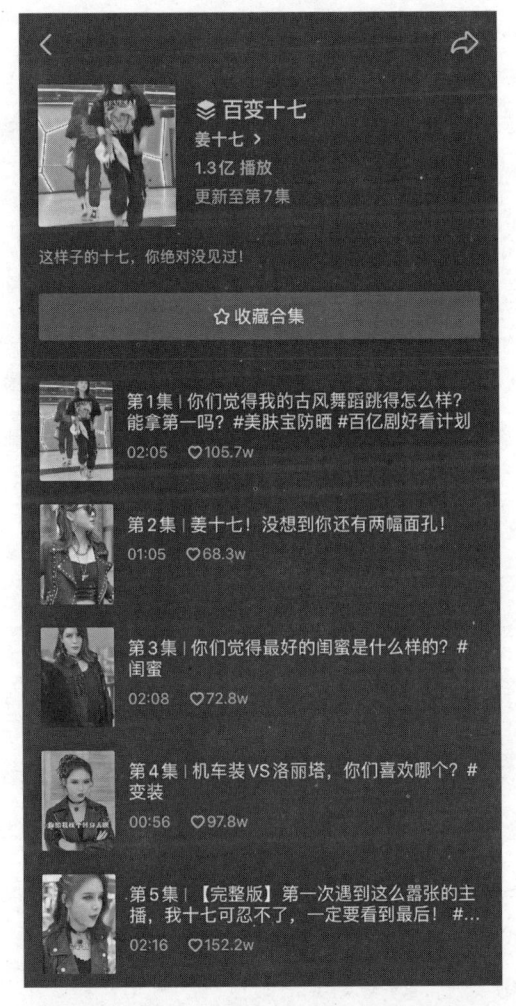

图 3.8 账号"姜十七"的长视频合集

秒以内，以获得更高的完播率和转评率。

  为了提高完播率，除了视频时长，创作者还需在开头前几秒抓住粉丝的心。创作一个优秀的视频就像应试教育中的语文写作，开头一定要精彩。抖音上的用户就像是阅卷老师，他们每天面对数以万计的视频内容，有充足的选择，如果不能在开头就抓住他们的注意力，你的视频就很有可能被直接划掉。久而久之，账号被分配的流量也会随着完播率的下降而变得越来越少。

如何在视频一开头就牢牢抓住粉丝的心呢？其一，创作者需要注意视频开头的语调。有些创作者在拍摄视频时，从头到尾都是同一个语气，没有任何波动，这样的视频经常会让粉丝觉得十分无趣，没有任何看完它的欲望。在2019年的流行热词中，"来了老弟""Oh My God，买它""盘它"都是语调比较激烈的词语，可见高昂的语调容易给人留下深刻的印象。所以在视频开头中，创作者需要使用比较高昂、有情绪波动的语气，来吸引粉丝的注意力。不过，这样只能保证粉丝不在看完开头时就划到下一个视频，真正能留住粉丝的，还是视频的高质量。

其二，在策划视频或撰写文案时，可以使用"一定要看到最后""最后一秒的时候真的想哭/想笑了"等类似的语句来制造悬念，吸引粉丝继续观看以提高完播率。比如账号"人民日报"在发布兵哥哥与小奶狗的相关视频时，文案中提到"最后一秒，被亲的小哥哥笑了"，当粉丝看到这一句话时不禁就会想："最后一秒到底发生了什么呢？""小哥哥笑起来是什么样子呢？"，这样的好奇心就会驱使粉丝看完整个视频。

又比如账号"疯狂小杨哥"发布了与沉迷打游戏的弟弟斗智斗勇的视频，文案中也提到了"一定要看到最后"，暗示视频末尾处会有反转，同样激发了粉丝的好奇心，提高了视频的完播率。

此外，关于视频分集的处理方式，建议新手创作者不要进行尝试。因为视频分集需要保证故事的连续性，对于粉丝基础还比较薄弱的创作者来说，很容易出现热度脱节的情况。前面提到的账号"翔翔大作战"也是在积累了一定量的粉丝、且粉丝黏度达到一定的程度之后，才开始尝试做自己的Vlog合集。

相比之下，还是一次性将故事讲完更适合新手创作者。对于刚进入抖音的创作者来说，最主要的任务是获取粉丝的关注，因此在策划视频时一定要注意尽量缩短视频长度，以保证账号的完播率。

千里之行，始于足下，任何网红账号都是从第一个视频开始慢慢地积累起来的。学习了如何策划第一个视频的内容、撰写文案、选择定位、策划时长等运营技巧之后，就可以开始尝试着发布自己的第一个视频啦！

第四章
短视频拍摄技巧

在生活中，我们经常会有这样的体验，一些朋友发布在朋友圈的照片或视频总是比他现实中更漂亮、帅气。然而有的人却总是拍不出好看的照片，甚至去"网红"景点打卡时，拍摄的照片和视频也不如别人的镜头中的好看。

其实，无论是照片拍摄还是视频拍摄，都需要一定的技术和经验，才能创作出好的作品。一张好的照片或一段好的视频，首先要有比较优质的拍摄设备，其次还要求拍摄者掌握一定的摄影、摄像技巧，最后还需要有经验的模特进行配合，满足这几个条件，才能创作出备受粉丝欢迎的短视频作品。

4.1 短视频拍摄之设备选择

抖音刚刚进入市场时，把自己定位成年轻人的音乐短视频社区，其目的就是希望用户随时随地都能够拍摄短视频，轻松地实现音乐梦想。随着用户市场的不断拓展，抖音将Slogan改为"记录美好生活"，其内容也由音乐向更多方面延伸，逐渐涵盖了生活的方方面面。

虽然抖音的初衷是为了让用户随时记录生活，但并不是每一个随意拍摄的视频，都能获得热门推荐。想要拍摄热门视频，首先要了解短视频的拍摄设备。

最常用的短视频拍摄设备，就是我们的手机。目前市面上的手机都能满足短视频的基本拍摄需求，但相对而言，苹果手机与华为手机是其中的较优选择。手机摄像头的功能越好，拍摄出的视频效果也就越好。视频清晰度是影响粉丝观看体验的重要因素，在条件允许的情况下，自然要选用摄像头更为清晰的手机。

此外，在使用手机拍摄时，推荐使用原相机，后期再对视频进行编辑，这样可以较好地保证视频作品画质清晰。以苹果手机为例，在设置中，可以选择所拍摄的视频的参数，创作者在拍摄前可以提前将其设置为"1080p HD，60fps"，就能获得更为清晰的视频（如图4.1所示）。如果录制的是慢动作视频，则建议选择的参数为"1080p HD，120fps"（如图4.2所示）。

使用手机拍摄短视频时，可以搭配使用手机稳定器或手机支架。顾名思义，稳定器的作用就是在拍摄视频时帮助拍摄者让镜头更稳定，这样拍出来的视频画面会

图4.1 苹果手机视频拍摄参数 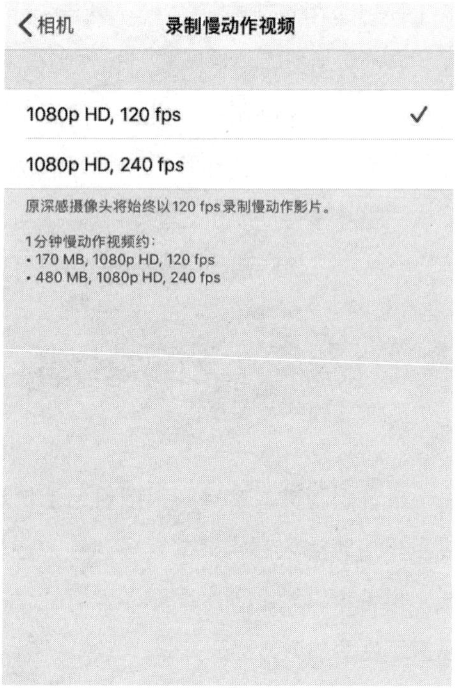　　图4.2 苹果手机慢动作视频拍摄参数

图 4.3　稳定器　　　　　　　　图 4.4　手机支架

比较平稳，不容易摇晃（如图4.3所示）。手机支架（如图4.4所示）则一般使用的是三脚架，用于固定场景的拍摄（即拍摄时不需要移动手机）。

　　使用单反相机进行拍摄当然是比手机更好的选择，不过单反相机价格比较昂贵，且对于拍摄者的要求比较高，这是需要创作者进行权衡的。单反相机的品牌、型号较多，价格差异也比较大，因而在此不做具体推荐。创作者可以根据自身的预算，在可承受的价格范围内选择性价比较高的单反相机。建议单反相机的初始参数设置为快门速度30，感光度（ISO）100，比较适合新手拍摄。

　　除了相机本身外，广角或变焦镜头也是拍摄短视频时的"好帮手"。广角镜头焦距短，视角大，在较短的拍摄距离范围内，能拍摄到较大面积的景物，适合拍摄较大场景的照片，如建筑、风景等题材。

　　变焦镜头在一定范围内可以通过变换焦距得到不同宽窄的视场角，不同大小的影像和不同的景物范围。在不改变拍摄距离的情况下，变焦镜头可以帮助拍摄者通过变动焦距来改变拍摄范围，非常有利于画面构图，也为拍摄者节约了不少换镜头的时间，使用更为便利。

　　如果是在室外较为空旷或嘈杂的场所拍摄视频，或者是室内空间较大，收音效果不好，还需要使用录音器来采集视频原声，再通过后期制作合成完整视频。

此外，背景布、补光灯等设备都是拍摄视频时经常会用到的。背景布大多用于室内，可以起到使画面更为和谐、美观，填补大量空白的空间等作用。补光灯则可以弥补室内光线的不足，使短视频的光影达到更好的效果。在室外拍摄时，理论上应尽量避免采用逆光的角度进行拍摄，会显得人物皮肤较黑，或看不清视频内容。如一定要采用逆光角度拍摄，可以在人物前方放置一块反光板，将光线反射到人物身上，提亮光线。

4.2 短视频拍摄之景别运用

景别是指由于摄影机与被摄体的距离不同，造成被摄体在摄影机录像器中所呈现出的范围大小的区别。景别的划分，一般可分为五种，由近至远分别为特写、近景、中景、全景和远景（如图4.5所示）。以人物作为被摄体，则特写一般是指人体肩部以上的拍摄范围，近景是指人体胸部以上的范围，中景是指人体膝部以上的取景，全景是指画面中出现全部人体和部分周围环境，远景则是指视频画面中出现了被摄体所处环境。

以账号"姜十七"所发布的视频为例，可以更为清楚地理解不同景别在短视频中的运用。该视频的内容为姜十七带着送给好友的冰激凌到她家拜访时，好友却百

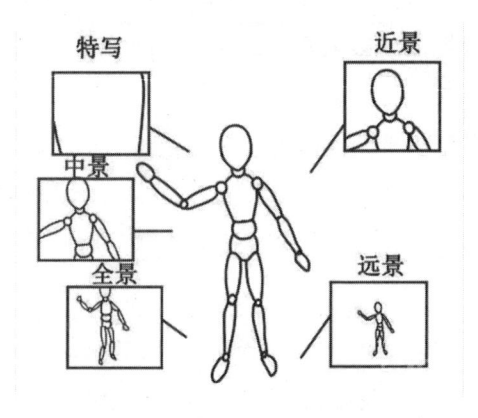

图 4.5 不同景别之区别

图 4.6　近景示例　　　　　图 4.7　特写示例

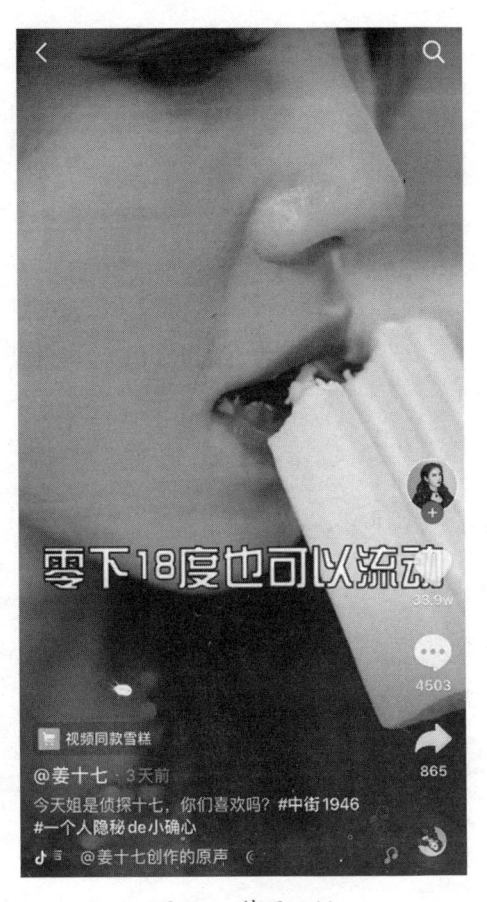

般阻扰，希望姜十七尽快离开。结合好友的异常表现和屋里自称是好友的男朋友的可疑男子，姜十七判定好友是被歹人所威胁，从而成功解救了自己的好友。

在视频开头，拍摄姜十七在好友家门外敲门时，使用的景别是近景，取景范围是姜十七的腰部以上（如图4.6所示）。

该视频是一个内容类视频，主要通过情景小剧场的表演，将创作者要推荐的产品完美融入剧情中，以达到给粉丝"种草"的目的。在剧情出现推荐商品——中街1946冰激凌时，拍摄者给了一个特写镜头（如图4.7所示），以突出这一冰激凌口感丝滑的特征。

图4.8　中景示例　　　　　　　图4.9　远景示例

当姜十七拿出自己与好友最爱吃的冰激凌后，好友却仍旧魂不守舍，面对美食也无动于衷。这一反应加深了姜十七的怀疑，此时镜头给到的是中景，姜十七坐在沙发上，眼神充满警惕地望向那名陌生男子（如图4.8所示），如果此时景别为近景或特写，则无法体现姜十七的眼神方向，如果选择全景或远景，又无法突出她的面部表情。所以，在此使用中景是最合适的。

在发现陌生男子的可疑之处后，视频画面一转，进入了姜十七的回忆中：在学生时代，她与好友经常一起出游，一起买冰激凌，形影不离。此时视频使用了远景（如图4.9所示），周围的环境是爬满藤蔓的小屋，姜十七与好友两个人站在阳台上瞭望远方，周围的景色将画面衬得十分温馨。

察觉出不对劲的姜十七假装将冰激凌不小心掉在地上，弄脏了地板，然后借着起身清理的时机将好友推出门外，一个人与陌生男子打斗起来。一番激斗过后，姜十七虽然受伤，但是也替好友赶走了歹人。最后一幕，姜十七与好友拥抱在一起，此时运用的是全景（如图4.10所示）。看见视频中两人紧紧相拥的画面，相信每一个粉丝都能从中感受到温暖与爱。

这就是一个成熟的视频对于不同景别的熟练运用。账号"姜十七"的这一视频发布后收获了近34万个点赞，4000余条评论以及近千次转发，足以见其成功之处。新手创作者在拍摄视频作品时，也可以尝试着运用不同的景别，让视频产生更多新鲜感和趣味性，避免单调。

图 4.10　全景示例

4.3　短视频拍摄之运镜技巧

新手在拍摄视频时，经常会遇到视频角度一成不变，或者是镜头角度的切换毫无章法，画面摇晃不定等问题。如果你也处在这种困扰中，不要过度沮丧，觉得自己可能完全没有成为"网红"视频博主的潜质。事实上，大部分人在刚接触视频拍摄时，脑海里都会有很多问号：拍摄角度应该怎么选择？镜头转场如何切换？为什么拍了很久却全是废片？到底什么样的视频才能吸引粉丝呢？

在了解了短视频的运镜技巧之后，相信这些问题都会得到解决。

运镜是运动镜头的简称，指的是通过运动摄影来拍摄动态景象。灵活的运镜不仅可以使视频呈现的效果更加平滑顺畅，还能为短视频营造必要的氛围和情绪，让视频充满张力。在拍摄短视频时一般需要用到的运镜技巧有4种：推进、拉远、旋转、平动。

推进这一运镜技巧是在短视频拍摄中最常用到的一种。拍摄者手持设备，由远及近逐渐靠近被摄体，视频画面由较大的场景逐渐转为近景或特写画面，被摄体在画面中的占比逐渐变大。这一运镜技巧可以让观看视频的粉丝将注意力逐步转移到被摄体上，关注视频想要突出展示的部分。

拉远则是与推进恰好相反的技巧，指的是拍摄者手持设备，镜头从被摄体的特写画面开始逐渐拉远，直至呈现出远景。这一技巧可以交代被摄体所处的背景环境，帮助粉丝更好地理解视频内容。

顾名思义，旋转就是拍摄者手持稳定器，将被摄体固定放置于视频中心，同时绕着被摄体旋转镜头的运镜方法。这一运镜技巧可以使视频主体更加突出，更好地渲染氛围，使视频富有张力。

平动的运镜技巧是指拍摄者在被摄体前方、后方或者侧面移动拍摄，最关键的是拍摄者需要与被摄体保持等距，并进行平行匀速移动，这样拍出来的画面才会更加稳定。这一运镜技巧可以使粉丝在观看视频时产生身临其境的感觉，以第一人称的视角来观看视频中发生的剧情，代入感十足。使用平动这一运镜技巧时，可以根据不同的拍摄需要搭配使用广角镜头或变焦镜头，以此营造出不一样的视觉效果。

运镜技巧是视频拍摄中比较复杂、难度较高的部分，以上四种运镜技巧只是其中较为基础的方法。掌握这四种基础运镜方法之后，拍摄者也可以在实操中继续探索复杂的运镜技巧，扩大视频的张力，增加视频内容的丰富性。

4.4 短视频拍摄之光线布局

在具体的视频拍摄中,不同的光线布局会带来完全不一样的效果。不同类型的视频所运用的光线布局也完全不同,比如电视剧的光线布局一般明暗差异较小,整体风格较为明亮,而电影的光线布局则明暗差异较大,整体风格较电视剧来说偏暗。

在短视频的实际拍摄过程中,根据内容的需要可以搭配不同的光线布局,很难找到一个适合所有拍摄需要的方案。在此,本书仅介绍不同的光线分类、使用较频繁的布光道具以及一些注意事项。

根据光线的作用不同,可以将光线分为主光、辅光、轮廓光、背景光等。

主光是光线布局中最主要的光源,承担整个拍摄场地的主照明作用。如果是在室内拍摄,建议主光以柔光为主,瓦数一般在100瓦左右。如果是在室外拍摄,可以将太阳光作为主光,但一定要注意避免因逆光拍摄而产生大量阴影,影响视觉效果。

辅光又称辅助光,指的是辅助主光的灯光,可以增加人物面部的立体感,同时起到局部打光的作用。辅光一般可以使用补光灯,造型通常是环形灯、方形灯箱等。

轮廓光的主要作用是强调主体,使被摄体和背景的分离界线更为明显。在实际拍摄中,轮廓光可以从侧逆方向投射向被摄体,在人物的边缘形成一条明亮的轮廓线。

背景光又称为环境光,用于背景空间的照明,能够尽可能地统一整个拍摄环境的各个角落的亮度,让整个室内光线均匀。在布置背景光时,建议多用射灯和筒灯来搭配,因为射灯和筒灯可以调节打光的方向,光线会更匀称一点。

在室外拍摄时,光线还会受限于天气的影响。如果遇到阴天或雨天,光线不足的情况下,还需要人为地进行补光。而且,最好可以使用多个相机在不同角度同时拍摄,这样在后期剪辑视频时就可以有更多选择。

图 4.11 账号"姜十七"视频截图

除了灯光和光源的运用之外，也可以使用背景虚化的手法来拍摄视频。背景虚化就是使景深变浅，使焦点聚集在主题上，同时还能简化背景，增强视频美感。账号"姜十七"发布的一个视频就运用了这一方法，在截图画面中（如图4.11所示），可以看到人物"姜十七"距离镜头较近，形象清晰，而背后的沙发、桌子以及上方的灯泡都是虚化的。第一眼看见这个视频时，我们的视线自然而然地聚集在了画面中间的人物身上，注意力也完全被吸引了。这就是背景虚化的作用。

4.5 短视频拍摄之内容策划

如果说恰当的运镜技巧和光线布局对于短视频来说是锦上添花，那么优质的内容则是短视频走红的先决条件。在讨论抖音账号的运营与变现方法时，我们一再强调的四个字就是"内容至上"，如果内容质量跟不上，就算账号的人设再讨喜、博主的颜值再高或是运营方式再成熟，账号都不可能长久地"火"下去。可见内容策划对于抖音账号运营来说是十分重要的。

短视频的内容分类

一般而言，我们可以根据短视频的内容不同，将其分为两大类：一是商品型短视频，这类视频以展示商品为主，其内容最重要的就是要突出商品卖点，时长大约在15秒到30秒中间。

在策划商品类短视频的内容时，需要注意以下十六字口诀：吸引眼球、用户痛点、产品卖点、使用展示。比如账号"女性健康"所发布的视频，内容为推荐能够美白、淡斑的薏米百合红糖茶，其最终目的是为了销售自己的红糖。

在视频封面上，创作者突出了"美白淡斑必备"这六个字，甚至比视频所要推荐的"薏米百合红糖茶"都更显眼，这就是为了能够在第一时间吸引粉丝的注意力。这一行为也同时抓住了用户的痛点和产品的卖点，许多觉得自己肤色较黑，或是身上有斑的粉丝很容易被打动，产生观看视频的欲望。

而且在这一视频中，创作者展示了煮泡薏米百合红糖茶的全过程，通过对红糖块、茶水色泽的特写表现了产品的质量，提升了视频的真实性。这对于获得粉丝的信赖是很有帮助的。

第二类短视频是内容型短视频，主要通过曲折的故事情节打动粉丝，引起他们的共鸣来获得浏览量，时长在1分钟至3分钟之间。这一类视频一般会将推荐的产品融入到故事情节中，力图毫不违和地将广告植入视频。

在策划内容类短视频的内容时，也有十六字口诀可以帮助创作者拍摄出更好的视频：故事曲折、引人共鸣、情节翻转、广告植入。比如账号"姜十七"发布的一个短视频中，就植入了卡罗拉汽车的广告（如图4.12所示）。

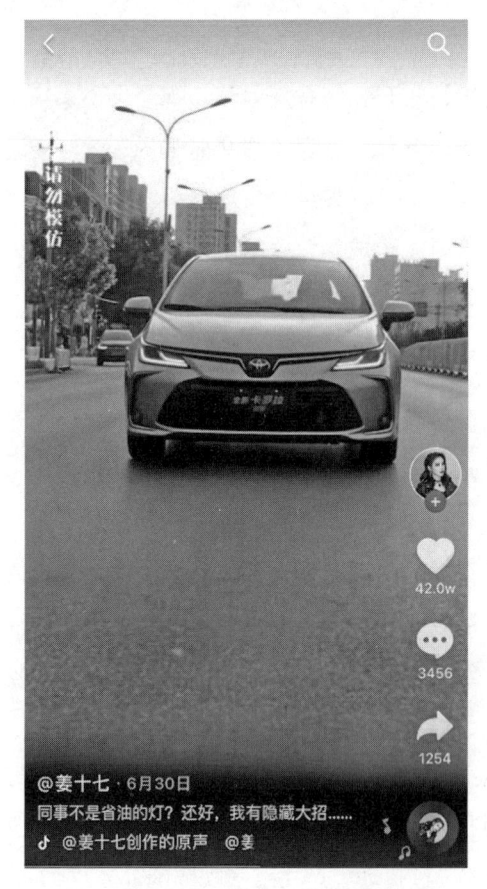

图 4.12　账号"姜十七"视频截图

该视频的故事内容为：姜十七的同事为了阻碍她的晋升，在出发去见客户前偷偷将姜十七的合同从包里取出，放在公司。等到了与客户的约定地点，同事才阴阳怪气地提醒姜十七，可此时距离与客户见面的时间已经很近了，且姜十七的车油量不足，同事料定剩下的油量无法支撑姜十七回公司取合同。不料姜十七的车是油耗特别小的卡罗拉双擎，帮助她及时取回了合同。

视频中，姜十七取回合同后对同事说："我的车是卡罗拉双擎，巨省油，不像你,不是个省油的灯"。这句台词既符合剧情需要和姜十七的人设,又将广告完美地植入视频,毫无违和感。这就是内容型视频所要达到的效果。

短视频的内容脚本

古人在打仗时,讲究的是"兵马未动,粮草先行",这一智慧引申到短视频拍摄领域,就要求创作者提前策划好视频内容。短视频的内容脚本就是这一场流量争夺战的"粮草",关乎着战役的成败。

即使是最有经验的、拿过最多国际奖项的导演也不可能脱离前期的剧本打磨,拿起摄像机直接将电影或电视剧内容拍摄出来。所以,在拍摄短视频之前,请不要吝啬你的时间,慢慢地打磨自己的视频创意,动手将短视频的内容脚本写出来。这一"磨刀"的功夫绝对不会辜负你,它会以条理清晰、张弛有度的视频作品来回报你付出的时间成本。

其实,大部分创作者都知道内容脚本的重要性,但却苦于不知道如何撰写。一个成熟的短视频内容脚本需要包含哪些元素呢?我们应该从哪些角度入手呢?

接下来,本书将通过对优秀视频作品的拆解来展示内容脚本的撰写方法。

账号"秋小二美食"是一个"蓝V"账号,其认证信息是秀山县祺飞商贸有限公司,主要生产火锅店使用的火锅底料(如图4.13所示)。截至2020年08月,该账号一共获得了25.8万个点赞,其中,热度最高的一个视频获得了19.4万个点赞,播放量在600万以上。

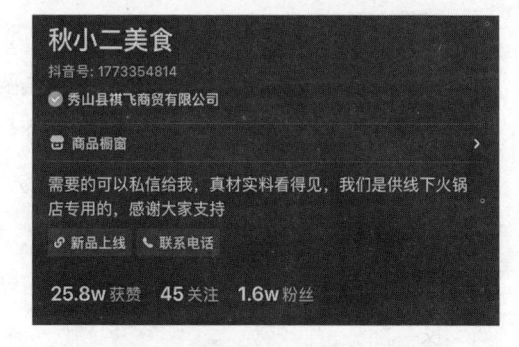

图 4.13　账号"秋小二美食"

该视频的内容为操作工在生产车间制作火锅底料的完整过程,搭配的文案为"正宗重庆火锅底料制作过程",言简意赅地描述了视频的内容,可以让喜欢重庆火锅的用户停留在该页面观看视频。

根据该视频的内容,可以反推出其内容脚本(如表4.1所示)。该视频一共分为6个镜头。第一个镜头为近景,运镜方式是固定角度拍摄,画面内容为操作工将牛油

表 4.1　短视频内容脚本示例

分镜	景别	运镜	画面	时长	音效	备注
1	近景	定	锅里融化牛油	7秒	快节奏BGM	体现由入锅到融化的过程
2	近景	跟	处理配料	5秒	快节奏BGM	体现配料的新鲜程度
3	近景	跟	每一种配料下锅的过程	30秒	快节奏BGM	展示生产环节的卫生状况
4	特写	跟	熬制过程展示	3秒	快节奏BGM	
5	特写	定	封装过程展示	5秒	快节奏BGM	
6	特写	定	成品展示	1秒	快节奏BGM	

倒入锅中，牛油在热锅里迅速融化。这一部分占时7秒，使用快节奏的背景音乐，重点是体现牛油由入锅到融化的过程。

第二个镜头依旧是近景，运镜方式是跟着被摄体推进，画面内容为处理配料，如洗配菜、切大葱等。这一部分占时5秒，使用快节奏的背景音乐，关键是体现配料的新鲜程度。

第三个镜头的景别为近景，运镜方式也是跟着被摄体推进，画面内容为每一种配料下锅的过程，这是火锅底料制作的重要过程，因此占时最长，达到了30秒。此时的背景音乐依旧是快节奏的。这一部分的重点在于展示生产车间的卫生状况，让粉丝能清楚地看见各种配料被洗净后才投入制作。

第四个部分为特写镜头，内容为熬制过程展示，当所有配料都被投入后，视频由熬制底料的锅推向一旁的操作工以及自动化机器，此时的背景音乐依旧是快节奏的。这一部分占时3秒。

第五部分依旧是特写镜头，主要内容为火锅底料的封装过程，这部分占时5秒，使用快节奏的背景音乐。

视频的最后一个部分为特写镜头，用时较短，展示了封装后的火锅底料成品。至此，一个完整的火锅底料制作视频就完成了。

将以上六个分镜合并整理过后，就可以形成如表4.1那样的表格，这就是我们需要的内容脚本。在撰写内容脚本时，必须包含的因素包括分镜、景别、运镜、内容、时长以及配乐风格。完成内容脚本后，只需要按照脚本进行拍摄即可。

想成为专业的抖音短视频创作者，绝不是凭借着脑海中偶尔迸发的灵感，拿起手机记录下来就可以的。一名合格的短视频创作者，必须满足三个关键点：一是对于自己想要打造的账号风格有清晰的定位，二是对自己要涉足的垂直类目有足够的了解，三是对于自己的短视频拍摄有完整的布局。这里的布局指的正是对短视频拍摄所涉及的设备、景别、运镜技巧、光线以及内容脚本的掌控。

万事开头难。也许刚开始学习拍摄短视频的路是艰难的，但只有坚持下去的人，才具备成为抖音"网红"博主的资格。

第五章
账号中期维护技巧

如果将运营细化为前、中、后期，那么账号的调性设计、视频内容策划、文案撰写等都属于前期的运营内容。发布完视频之后，是不是就可以松一口气，坐等流量汇入账号，视频热度飙升了呢？答案当然是不可以。运营并不是截止于视频发布的那一刻，而是贯穿着账号养成的始终，发布完视频后就不再进行运营，无异于半途而废。这绝非网红账号的养成之道。

在视频发布后，创作可能已经停止了。但是账号的运营才刚刚开始。那么，在发布完视频之后，创作者们还需要做些什么呢？

5.1 如何刺激流量

刺激流量是指在视频发布之后，通过其他账号在短期内对该视频进行转、赞、评等一系列操作，刺激系统为视频推荐其他流量。这一运营技巧的原理依旧是利用抖音八级流量池的推荐原理，在短时间内通过一定的互动量，使系统将该视频判断为优质视频，进而投放到更高一级的流量池中，获得更多的曝光机会。

刺激流量可以通过矩阵号互助来实现，当矩阵号中的一个账号发布视频时，其他账号需要及时地进行转发、点赞或评论，以此来刺激流量。矩阵号是指从一个热门账号发展成为多个不同定位的账号，不单单是抖音平台，在其他社交平台上也存在着。比如微博上的"@王者不修图"与"@王者爱拍照"就是矩阵号，两个账号同属于一个博主，但是前者发布的是修图技术教程，是拥有200余万粉丝的"大号"，后者则大多发布与摄影技巧相关的内容，作为小号也拥有多达20万的粉丝。

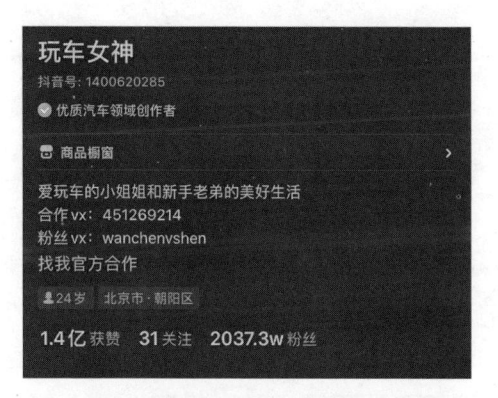

图 5.1　账号"玩车女神"个人主页

图 5.2　账号"懂车侦探"个人主页

图 5.3　账号"家有懂车妹"个人主页

在抖音平台中也存在着许多矩阵号，比如账号"玩车女神"（如图5.1所示）、账号"懂车侦探"（如图5.2所示）与账号"家有懂车妹"（如图5.3所示）就是一个系列的矩阵号，三个账号关注的都是汽车领域相关知识，但是又各有侧重点。账号"玩车女神"主要发布的是关于安全驾驶的小知识以及车辆保养的小技巧；账号"懂车侦探"则主要发布与汽车相关的诈骗揭秘视频；而账号"家有懂车妹"则聚焦如何挑选汽车以及开车诀窍等知识。在发布视频时，三个账号会在文案中相互"@"对方，通过这种方式进行导流，增加矩阵号的流量。

账号"祝晓晗"（如图5.4所示）与账号"老丈人说车"（如图5.5所示）是一个以家庭为背景的矩阵号，女儿名为"祝晓晗"，人设标签是单身、吃货、蠢萌，"老丈人说车"则是爸爸视角，主要发布蠢萌女儿祝晓晗和老爸学车的故事。有时爸爸还会到女儿的抖音底下进行评论，引发粉丝进行调侃、吐槽，增加评论区活跃度。

如果没有申请矩阵号，也可以通过与其他创作者互帮互助来刺激流量，比如加入由创作者组成的互帮互助的群聊。在QQ平台以"抖音互助"为关键词搜索，就可以看到许多类似的群聊（如图5.6所示）。这些都是抖音创作者以互相帮忙刺激流量为目的建立的群聊。读者可以选择加入其中活跃度较高的群聊，与他人进行互利合作。

那么，在刺激流量时应该注意些什么呢？

一是越快越好。在视频通过审核、成功发布的第一时间内，创作者就要开始刺激流量。因为系统会在视频发布后的一段时间内对视频质量作出判定，所以视频刚发布的几分钟内是刺激流量的黄金时期，等到这一时期过去之后再进行转、评、赞等操作都是无用之功。

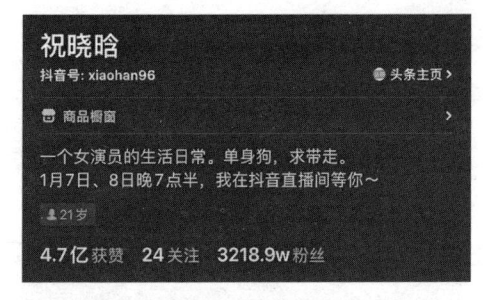

图 5.4 账号"祝晓晗"个人主页

图 5.5 账号"老丈人说车"个人主页

图 5.6 在QQ平台搜索"抖音互助"截图

二是越多越好。有一些新手创作者可能会有这样的疑问，刺激流量大概需要多少的互动量呢？达到什么数量的互动量就可以停下来了呢？一般来说，在每100个观看中至少有10个点赞，就能被系统判断为优质视频。因此，刺激流量至少需要10个以上的点赞，5个以上的转发与评论，才算初步完成。且刺激流量没有上限，在有限的时间内，尽你所能地去刺激它，互动量越多越好。

三是对于精力有限的创作者来说，如果不能做到每次都进行刺激，可以挑选自己认为优秀的内容，进行大规模地互动。只要能成功打造一个爆款视频，对于提升后续视频的曝光度帮助很大。比如账号"仓仓学长"的前三个视频平均点赞量只有600个，自第四个视频获得61.8万点赞之后，后续视频最低也有1500个点赞，这就是爆款视频对账号的长远影响。

此外，刺激流量的运营技巧主要是针对刚开始创作的新手账号的。运营了一段时间后，账号会积累一定量的粉丝，视频发布后自然有流量汇入，就不再需要刺激流量了。这也侧面说明了在账号刚开始运营的时候，把握住涨粉的黄金期对流量进行刺激是十分重要的。

5.2 如何引导评论

有人说，没有评论区的抖音，是没有灵魂的。对很多用户来说，刷抖音不仅仅是为了观看视频内容，更是为了阅读精彩的评论。在前面的分析中，我们也提到了抖音上有很多"神评论"，可以使评论区更有趣，更活跃。不过，神评论毕竟是可遇而不可求的。除了自然出现的"神评论"，创作者平时应该如何维护评论区，引导粉丝的评论呢？

一是回复评论区里的"神评论"，这样做可以引来粉丝在"神评论"下进行互动。比如账号"凌晨霞光"发布了一个在河南与山西两省交界处，可以一步跨两省的视频。评论区的最热神评论称：要是在过去，非得让你把电话费跳完了。这一评论抓住了此前手机卡异地需要缴纳漫游费，而如今已经取消的事实进行吐槽，引发网友的共鸣。作者对这一神评论进行了回复，称"吓得我赶快查了查话费"，幽默风趣，既拉近了与粉丝的距离，又吸引了其他网友在这一评论下进行了60余次评论，该视频的活跃度就被大大提升了。

账号"蒋老师好！"发布了一则视频，内容是学校让体育老师在新年联欢会上表演节目，一开始体育老师表示只会弹奏简单的《小星星》，领导说可以加钱后，体育老师立马展示了自己出众的音乐才华。热门评论中的网友称"音乐组老师狠狠地瞪了蒋老师一眼"，并将吐口水的行为幽默地称为"水遁"术。对此，蒋老师表示禁止使用法术，以同样幽默的方式回应了这一神评论。这一举动同样吸引了更多的网友进行回复。

我们常说"有趣的灵魂百里挑一"，幽默的人在人群中总是能很快地吸引别人的注意，成为社交的中心。在互联网上也是如此，幽默的创作者会更受欢迎。适时地回复神评论，以幽默的方式进行调侃，其实就是在无形间增加了创作者的个人魅力，这正是吸引粉丝的关键。

二是可以使用小号来"带节奏"。所谓"带节奏"，就是指通过舆论引导煽动吃瓜群众的跟风行为。不过此处的"带节奏"是一个中立的词语，而不是贬义词。对于新手创作者来说，可能在视频发布之后，粉丝群体并没有提供有意思的评论，使得评论区毫无趣味可言。在这种情况下，创作者可以通过申请小号，关注自己的创作号并进行评论，用提前策划好的文案来引导粉丝展开讨论。时间长了之后，当账号积累了一定量的粉丝，自然会有精彩的评论出现。如果运营了很久之后账号的活跃度依旧不高的话，创作者就需要思考一下自己的视频内容是不是没有设置讨论点，或者是没有找到用户的痛点，从而无法激起他们评论的欲望。出现这种情况时，就要快速地调整自己的创作思路，以适应粉丝市场的需求。

三是主动在评论区寻找话题与粉丝互动。比如账号"93老叔叔"发布了一则关于应对失眠的方法的视频。在评论区中，作者自己留言道："大家一般睡不着会怎么办呢？我有个朋友是听郭德纲的相声（入睡的）。"可以看到，这个评论提出了一个讨论话题，即询问普通网友是如何应对失眠的，并举了自己身边朋友的例子。这条评论可以吸引三种人群：有成功应对失眠经历的网友会点进来留下自己的方法；正被失眠问题困扰的网友会点击评论寻找应对方法，并为自己觉得有帮助的评论点赞；喜欢听郭德纲的相声的观众也会找到共鸣，点进评论区留言。如此一来，评论区的互动量也就被迅速提高了。

四是要及时地回应粉丝的疑问，这一点可以帮助创作者拉近与粉丝的距离，提高用户黏性。账号"仙女病"发布了利用蜡来制作假梅花的视频，有粉丝在评论区询问作者，工具中的第一碗是什么液体？一分钟后，作者就及时地回复了这位粉丝。随后，其他粉丝也在这一评论下面讨论了起来。

"果果家的布丁"是一个亲子类账号，视频的主要内容是妈妈与儿子之间的互动。她发布的其中一个视频是妈妈在考儿子，不同国家的首都是哪些城市。评论中有粉丝表示："这妈妈的地理确实不错"，作者马上回复道："上学时候的班主任是地理老师"；粉丝调侃说："要不开始背元素周期表吧"，作者也回复称自己"化学特别差"。通过这些互动可以看出，这一账号的创作者是一个和蔼可亲的妈妈，与网友互动十分亲和，这是十分容易吸粉的性格特点。

五是在策划视频内容时可以适当加入一些引导评论的元素。比如账号"拔草战斗鸡"发布的自制自动门的视频中，因门上缺失了一块瓷砖，引起了很多"患"强迫症网友的不适，激发了他们的评论。在平时刷抖音的过程中，我们也经常会看见一些故意刺激强迫症"患者"的视频，这一类视频之所以能得到很高的互动量，就是因为其视频内容中有引导用户评论的元素，能够戳中用户的痛点或引起用户的共鸣。

五是面对有争议的评论，需要保持良好的心态。俗话说，"人红是非多"。许多网红在成名之后，都会面临很多质疑。"欲戴其冠，必承其重"，只有端正心态，以平和的态度面对网友的质疑，才能更好地创作短视频。以"李子柒"为例，作为抖音上最火的名人之一，李子柒收获了数以千万计的粉丝，但随之而来的是铺天盖地的质疑。有的人认为，李子柒的视频是由专业团队策划的，有作秀的嫌疑。但也有人认为，即使有策划的成分在，李子柒也是事必躬亲，勤勤恳恳地劳作的。这种争论一定程度上就代表着网友对李子柒的关注，也是每个网络红人在走红之后都会经历的过程。对于新手创作者来说，如果遇到评论区有人质疑，一定要摆正自己的位置，正确地看待争论，切忌冲动地与人争辩。实际上，面对外界质疑的声音,只要继续专注地创作视频,吸取其中对自己有益的经验加以利用,就能化"黑粉"为"铁粉",成为抖音红人。

5.3 如何使用DOU+功能

抖音账号运营绝不是守株待兔,也不是单凭瞎猫碰上死耗子的运气。很多创作者在尝试了一段时间的运营后就半途而废了,觉得自己很努力地拍摄视频,创作内容,但是收效甚微,平台也不给多少推荐量。其实,想要成为抖音的爆款账号,并不能一味地等待幸运女神的降临,人为干预也是必不可少的。如果你对自己的短视频作品内容十分有自信,但是却苦于没有流量,就可以使用DOU+功能来拯救自己的账号。

什么是DOU+?

DOU+是抖音官方平台推出的功能,能为抖音创作者提供视频加热的工具,高效提升视频播放量与互动量,优化内容的曝光效果,助力实现抖音创作者的多样化需求。简单来说,就是付费给抖音平台来提高作品的推荐量。

类似的功能在不同的社交平台都有出现过,比如微博上的"博文头条广告"功能,也是通过付费给新浪微博平台,从而获得更广泛的曝光(如图5.7所示)。由于这是官方推出的活动,

图 5.7 微博"博文头条广告"功能示意图

是受平台认可与保护的行为。以微博平台为例，如果某个账号为了提高博文的阅读量和互动量而买了水军，水军的评论将无法正常显示，购买的次数多了之后，该账号被分配流量的权重可能会大大降低，还可能出现被限流的情况。对于社交平台来说，这类功能是规范电商市场规则、解决市场乱象、保证平台与创作者双赢合作的重要措施。

如何使用 DOU+ 功能？

图 5.8　DOU+ 功能使用流程图

使用DOU+功能需要在想要推广的视频界面点击右侧的"分享按钮"，在弹出的操作栏中选择"DOU+上热门"服务（如图5.9所示）。

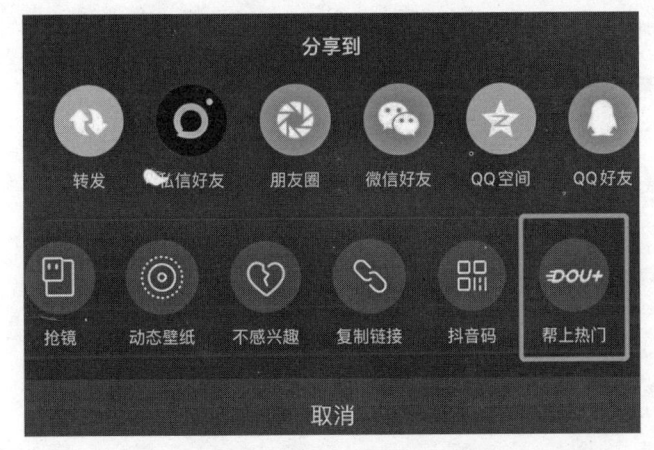

图 5.9　DOU+ 功能示意图

在弹出的页面中，可以选择"速推版"或"定向版"两种不同的服务。其中，"速推版"是简易模式，即普通推广模式，仅可选择投放人数以及提升点赞、评论量或粉丝量（如图5.10所示）。

　　相比"速推版"来说，"定向版"的针对性更强，但是价格也更为昂贵，适合账号比较成熟的时期选择。在页面中可以看到（如图5.11所示），"定向版"可以选择期望提升、投放时长、推荐方式等不同组合。其中，"期望提升"又可选择"点赞评论量""粉丝量"两种预期效果（如图5.12所示）；"投放时长"可以选择"2小时""6小时""12小时""24小时"四种模式（如图5.13所示）；推荐方式则分为了"系统智能推荐""自定义定向推荐""达人相似粉丝推荐"三种模式。

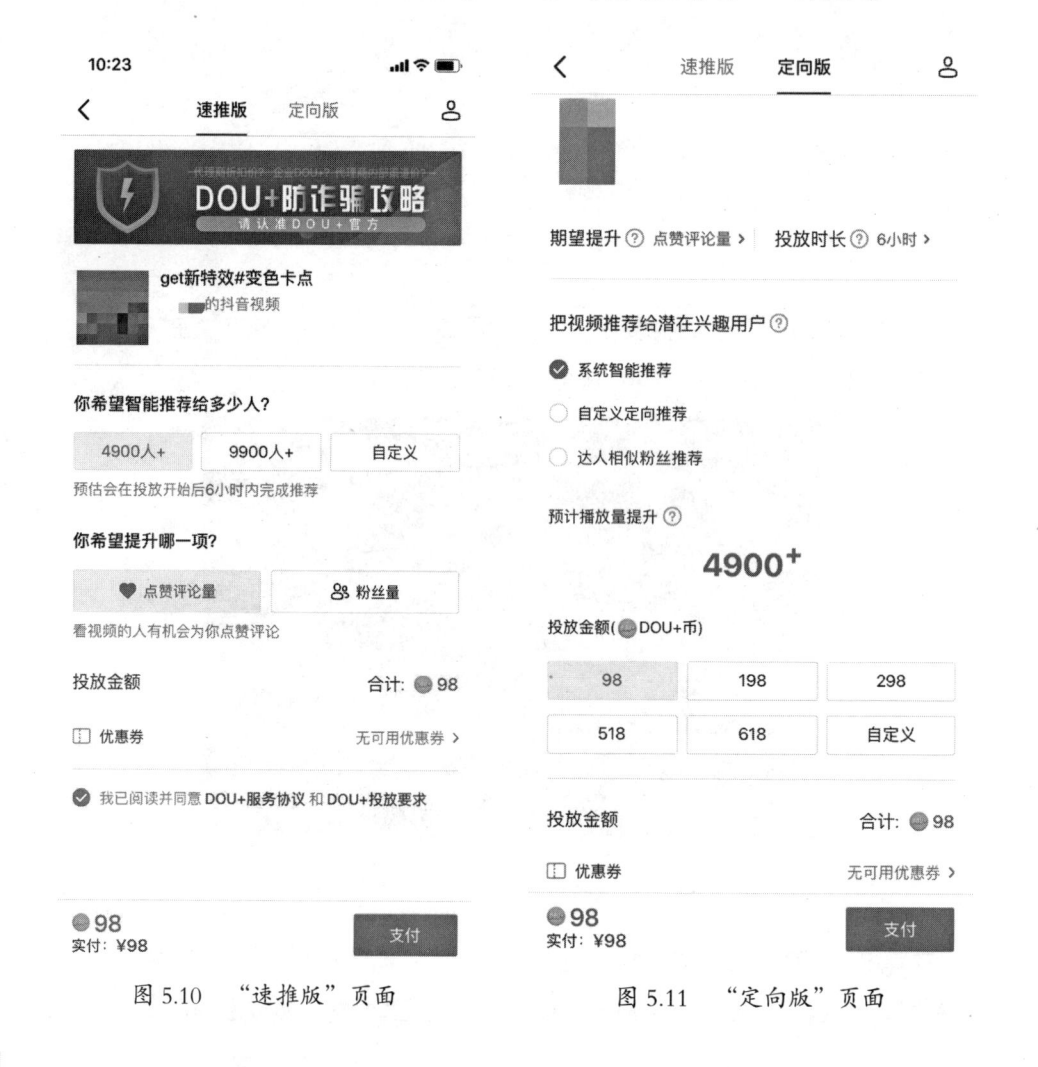

图 5.10　"速推版"页面

图 5.11　"定向版"页面

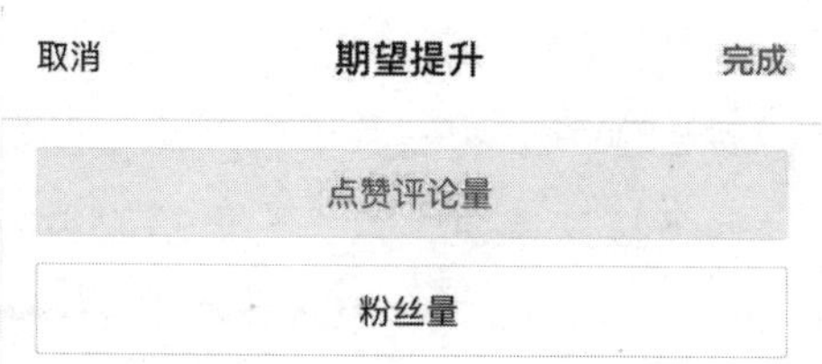

图 5.12 "期望提升"选项 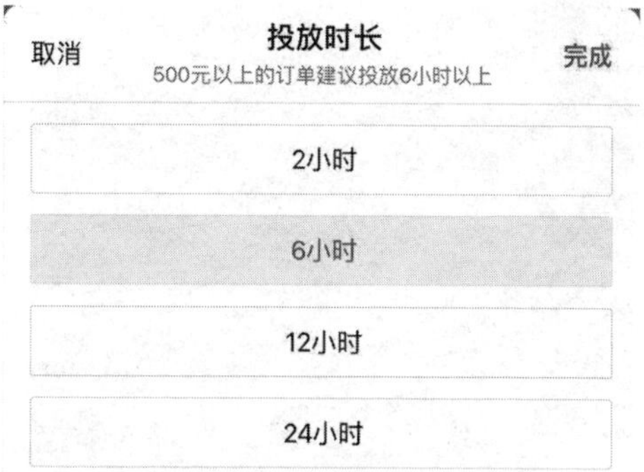　　　　图 5.13 "投放时长"选项

"系统智能推荐"与"速推版"大致相同，即由系统挑选应该对此视频感兴趣的用户进行投放。"自定义定向推荐"的灵活性更大，可以选择投放用户的性别、年龄、地域、兴趣标签等（如图5.14所示）。比如说，售卖女性卫生用品的商家就可以在这一选项中选择仅向女性用户投放，在花费相同的情况下，可以达到更好的宣传效果，性价比更高。"达人相似粉丝推荐"则是可以选择一位风格相近的博主，向与该博主的粉丝群体相类似的用户投放广告。

图 5.14 "自定义定向推荐"选项

在投放"DOU+"服务一段时间后，创作者就可以查询个人的订单完成情况了。查询订单的入口在个人主页右上角，点击后出现一个右侧菜单，在"更多功能"的下拉菜单中，点击拓展功能中的"DOU+上热门"即可进入功能页面（如图5.15所示）。

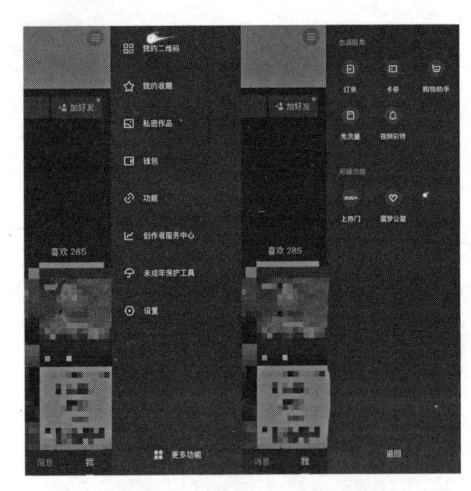

图 5.15　查询 DOU+ 订单

进入功能页面后，画面分为两栏，左边是"视频投放"，右边是"投放管理"。"视频投放"是新增DOU+订单的页面，"投放管理"是管理DOU+订单的页面。在页面下方的"我的订单"中就可以查看此前的订单（如图5.16所示）。

图 5.16　DOU+ 订单查询页面

在抖音官方提供的DOU+功能优秀案例中，我们可以看到，账号"育儿我豆懂"（目前已更名为"妈妈会早教"）通过200元的投放金额，达到了36.46%的点赞率、42.39%的互动率，累计获得88.3万点赞、1.1万评论数以及8.5万转发数（如图5.17所示）。这样的数据在抖音平台是十分可观的，充分显示了DOU+作为官方广告功能的强大之处。

图 5.17　DOU+ 功能优秀案例

从经验来看，DOU+更适合用于锦上添花。有两个节点投放DOU+可以达到事半功倍的效果：第一是作品在一个小时左右上了小热门，点赞、评论、分享数据都表现良好，这时候创作者就可以投放DOU+，以延长视频成为热门的时间；第二是等到作品的热门时间截止，即达到了流量的天花板，抖音平台不再继续为视频提供曝光机会，播放量几乎不再上涨时，可以通过投放DOU+，为视频助力一把。但如果作品本身就无人问津，这种情况下投放DOU+基本也是石沉大海，无力回天。

不过，在实际运营中，我并不建议新手创作者在一开始就为视频作品投放DOU+。在经过一段时间的运营，积累了一定量的视频作品，形成了自己的账号风格之后，系统会对你的账号规划一个基础的用户画像。此时再去投放DOU+，有利于系统的精确投放，提高DOU+订单的性价比。在创作前期，还是应该先脚踏实地进行创作，提高作品质量，积累实力，厚积薄发，才能更大程度地利用DOU+这一跳板，实现账号的升级跳跃。

5.4 如何提高粉丝黏性

如果说对于线下商铺，顾客就是"上帝"，是商人的"衣食父母"，那么粉丝就是短视频创作者的"上帝"与"衣食父母"。粉丝群体为短视频创作者带来了浏览量，无论是直接销售商品的变现方式，还是通过商业合作带货获取利润，归根结底都是粉丝流量创造的价值。在拥有了一定的粉丝基础后，如何巩固现有的粉丝群体，提高粉丝黏性，是每一个创作者面临的最重要的课题。

粉丝经济的崛起

在我国，娱乐行业是一个能创造巨额利润的领域，这不仅取决于电视剧、电影等文化产业的蓬勃发展，还因为我国人口基数大，拥有巨大的潜在市场。其中最重要的消费主力军，就是各个明星的粉丝们。伴随着娱乐行业迅猛的发展，全民造星的时代已然到来，粉丝经济的前景广阔，这一领域因此成为众多商家的必争之地。

所谓粉丝，就是指热衷于某一人物或某一领域，并通过一定的手段聚集起来的群体。这一概念几乎是所有人都熟知的，但是粉丝群体有什么特征？如何利用粉丝群体来获取利润？这些问题却并不是人人都清楚。一般来说，粉丝群体有以下的五大特征：具有高度认同感，拥有统一的群体认同和行为规范；行动能力强，为了达到共同的目标，粉丝群体行动一致，凝聚力极强；追求成就感，即通过维护群体追求的对象来获取成就感，这种成就感会进一步加强集体凝聚力；利益一致性，由于拥有共同的追求，群体利益也是一致的；热衷于分享、传播，出于对偶像的热爱，会主动向外界"安利"自己的偶像。

粉丝经济是近年来不断崛起的一种经济现象，是指通过运营粉丝群体进行变现的商业形式。最初，粉丝经济仅出现在娱乐圈中，具体表现为通过售卖专辑、海报、明星周边产品等来获取利润。

随着电商带货现象的普及以及直播行业的发展，主播和网络红人也渐渐拥有了各自的粉丝群体。因此，粉丝经济也被引入到了电商领域，主要表现为代言人、广告、打造自有品牌、直播卖货等形式。根据QuestMoblie的数据，电商达人李佳琦在直播中合作过的品牌囊括了美妆、内衣、鞋靴、男装、饰品、箱包、食品、数码3C、母婴、洗护及其他领域，不可谓不全面。如今，李佳琦及其团队已经打造了包括淘宝直播、微博、抖音等多平台在内的矩阵号，形成了强大的规模效应。应该说，以李佳琦为首的主播们将"粉丝经济"在电商领域发挥到了极致。在这种大背景下，如何有效提高粉丝的信任感与黏性成了每一位内容创作者的必修课。

如何与粉丝进行互动？

粉丝经济崛起的背后，反映的是用户在移动购物App平台进行购物时，情感因素对购物的影响增大。因此，在运营时与粉丝互动，提高粉丝对创作者的信任感就显得尤为重要。对于抖音平台的创作者来说，先要根据账号调性设计创作者的人设，通过人设积累了一定的粉丝基础，随后在互动中提高粉丝的信任感与黏性，并根据粉丝的属性选择合适的商品进行合作推广，才能完成账号从涨粉运营到流量变现的过程。如何设计账号的虚拟人设，是属于前期调性设计的内容。在此我们详细讨论一下应该如何与粉丝进行互动：

首先，与粉丝互动时一定要以账号的风格调性以及虚拟人设为根据。简单来说，就是创作者回复粉丝时的语气和用词，一定要符合自己的人设。"水能载舟，亦能覆舟"，娱乐圈近年来由于没有处理好明星与粉丝之间关系而导致明星形象破裂、大批粉丝脱粉的事件时常发生，这说明了粉丝既可以造就明星的地位，也可能会将他拉下神坛。所以明星即使在成名之后，也不能彻底放飞自我，如果与此前打造的人设发生偏差，就会影响自己的前途。在抖音短视频电商领域，粉丝之所以关注账号，也是因为喜欢创作者打造出的形象，如果创作者在回复中戳破自己树立的形象，同样会面临失去粉丝的风险。

比如账号"小孤影"的创作者是一位游戏主播，他的主播风格是很风趣幽默的，而主播的人设是一个游戏技术高超、高颜值、稍微自恋、幽默搞笑的小男生形象。当有粉丝在抖音评论区询问他能不能回复一下关注了主播20年的粉丝时，他的回复是："我19岁"。这一答复符合该创作者"自恋""搞笑"的人设，搭配捂脸的表情包，更显得十分调皮。因此，这是一个很符合创作者人设的互动，不会给粉丝造成任何的违和感。

其次，与粉丝互动必须要有"梗"。"梗"作为一个网络用语，最初常常出现在综艺节目中，就是指在网络事件中衍生出来的笑点。抖音平台作为当下最热门的社交软件之一，汇集了众多网友，也创造出了无数的梗。如果创作者在与粉丝互动时能够熟练地运用这些梗，就能轻松地与粉丝产生共鸣，拉近与粉丝之间的距离。

比如账号"正点·飞凌婚礼"发布了一则视频，内容为奔驰汽车的自动除雪功能演示，而最热评论为"反正车顶有雪的肯定没钱买地下车库"。这个评论来源于一个"梗"，就是指在下雪的天气，可以通过汽车车顶是否有雪来判断车主的富裕程度，如果车顶没有雪，说明该车主拥有车库，是比较有钱的，如果车顶有雪，则说明该车主只能将车停在路边免费车位或者是露天停车场，这些场所的停车费用是比较便宜的，因此车主也就大概率不如拥有车库的人有钱。在评论区里，视频的创作者也使用这个梗对粉丝进行了回复，他说："买了3个地下车位，都停车了，只好把这台老家伙丢外面露着。"言下之意为自己除了这台奔驰汽车，还拥有另外三台更昂贵的汽车，且都有地下车位。其实，这也是创作者自我调侃的话语，它表示创作者能够理解这位粉丝所用的梗，并使用这个梗进行反击。这样一来，就会给这位粉丝留下有趣幽默的印象，他也会觉得这个创作者与我有共同语言，无形中拉近了彼此的距离。

最后，互动并不局限于线上的形式，还可以与粉丝进行线下互动。比如账号"花花与三猫CatLive"是一个在抖音平台拥有400多万粉丝的萌宠类博主，家里目前饲养了五只猫。在2019年10月，创作者抽取了一名粉丝到家里"撸猫"，在粉丝到达之前，博主还发布微博征求了网友的问题，并在与猫咪互动完之后，对这些问题进行了回答。这位粉丝的到访也被创作者用Vlog记录下来，并发布在抖音平台。在这一视频作品的评论区，许多粉丝都表示希望下一次能抽中自己。一般而言，粉丝与创作者之间是有一定距离的，创作者对于粉丝来说有一点点神秘感，如果能通过线下的方式与粉丝互动，就可以拉近与粉丝之间的距离。对于没有被抽取到互动机会的粉丝来说，对下一次互动的期待也会使他们的黏性更高，更频繁地评论、点赞创作者的视频，以期提高与博主之间的账号关联性，增加下一次抽到福利的概率。

5.5 如何查看账号权重

相信不少新手创作者在入驻抖音短视频平台时，都听过很多有关账号权重的说法，视频作品的推荐量、转发量、点赞量、浏览量，多多少少都和账号权重有关系。账号权重越高，就越有可能获得系统的流量扶持，提高视频曝光率。

不过，账号权重毕竟是一个抽象的概念，诸如推荐量、转发量、点赞量、浏览量等数据各不相同，究竟应该如何进行比较呢？查看账号权重，有一个十分简便直接的方法，就是用一个完全不相干的小号，搜索想要查看的账号昵称或其垂直领域的关键词，在查询的结果中越靠前的，账号权重也就越高。

比如查询账号"带你学自媒体"（如图5.18所示）的权重，只需要用一个不相关的账号搜索垂直类目"自媒体"这一关键词，在显示的用户页面可以看见，账号"带你学自媒体"排在第七位，这样的账号权重还是比较高的（如图5.19所示）。

为什么要强调需要用一个不相关的账号来搜索呢？不相关的账号指的就是用来搜索的账号没有关注过该垂直类目的任意一个账号，否则就会影响搜索结果。同样以上述账号为例，使用同一个账号搜索"自媒体"关键词，唯一的

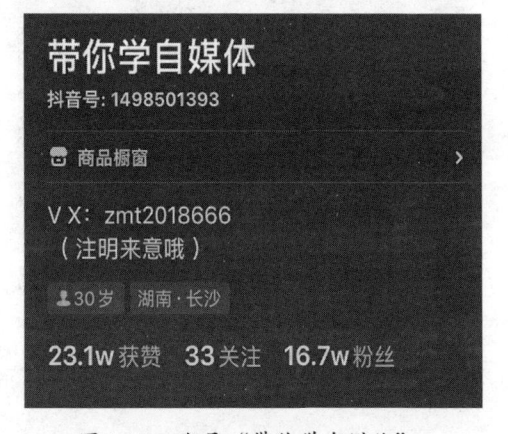

图 5.18 账号"带你学自媒体"个人主页

变量是增加了对原本排在"带你学自媒体"之后的账号"自媒体提升课"的关注，重新看搜索结果，就可以发现账号"自媒体提升课"排在了第二名（如图5.20所示）。也就是说，用于搜索的账号本身的关注会影响抖音推荐的次序，导致无法客观地看到账号的权重。因从，在查看账号权重时要选择一个与垂直类目毫无关系的账号，才能得到真实的结果。

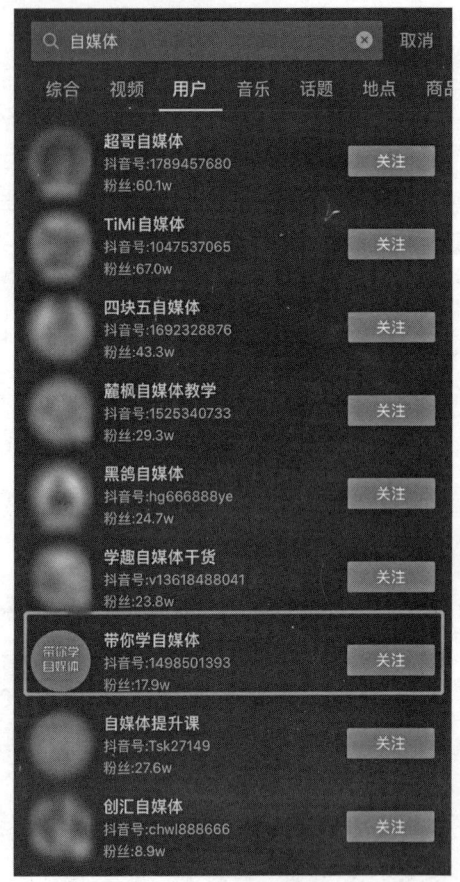

图 5.19　账号"带你学自媒体"的权重搜索页面

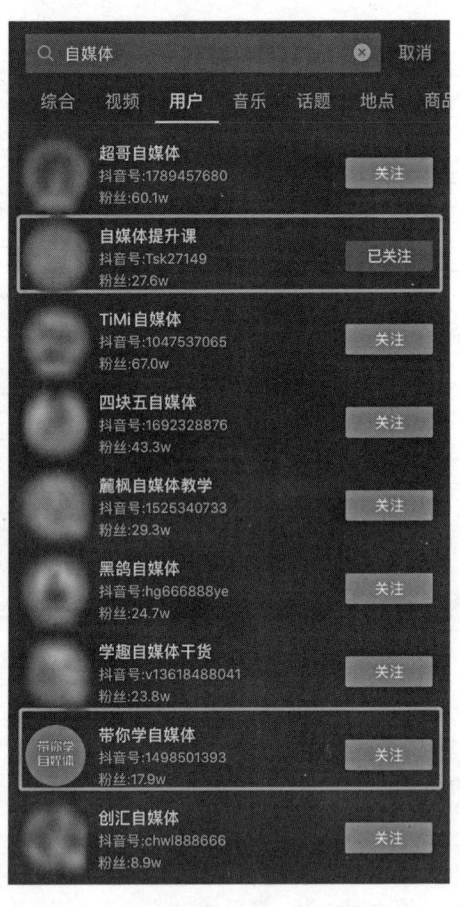

图 5.20　"自媒体"关键词二次搜索结果

在账号运营的过程中，各位新手创作者可以不时地关注账号权重变化。如果发现有一段时间账号的权重掉得十分厉害，可以使用我们在本书开头介绍的养号方法，通过模仿正常用户的行为，例如点赞或评论其他创作者的短视频作品、刷首页和热门推荐的短视频作品等来提升自己的账号权重。如果经过一段时间的养号，搜索时账号的权重排名又重新上升了，恢复到原来的水平，就可以继续更新视频作品了。

第六章
账号后期引导方法

恭喜各位创作者，你们已经初步脱离新手期，进入账号运营后期啦！经过一段时间的运营，你们积累了许多视频创作技巧，也拥有了自己的粉丝群体，达到了自己定下的小目标。不过，电商行业百舸争流，不能拥有一点成绩就掉以轻心。正如此前所强调的，运营是贯穿于始终的，只要仍旧从事电商行业，就不可缺少运营。

接下来，本书将告诉你，拥有一定规模的抖音账号应该如何运营？后期的抖音账号运营与前期有什么不同？

6.1 矩阵号运营方法

一般来说，矩阵号是指从一个热门账号发展成为多个不同定位的账号，可以分为主账号与子账号。主账号是最先走红的账号，其他矩阵号的运营主要是为了在主账号下形成粉丝流量内部引流，这样做不仅能够避免粉丝的流失，减少运营成本，也能够扩大账号的影响力。

矩阵号有哪些特征？

根据抖音平台矩阵号的运营实例，我们总结出了以下几种特征：

一是矩阵号中所有的账号具有相同的人设，或者说，所有账号背后的形象是一个相同的真人IP。构建虚拟人设可以帮助账号更好地运营，所有的宣传方案都应在依靠人设、丰富人设的基础上展开策划。对于矩阵号而言，必须保持不同账号之间的联系，因此最好构建基调相同的人设，借此吸引相同属性的粉丝，更高效地进行内部引流。

主账号"@凯酥酥"是沈阳音乐学院的一名学生，因发布宿舍室友一起唱歌的日常而走红。在他的视频中，不同的室友有着不同的性格特点，但作为音乐学院的学生，唱歌技能都是满分。随着他的持续创作，各个室友的形象也逐渐丰满。随后，室友"王禹开"也开通了抖音账号，主要发布个人唱歌的视频，凭借专业技能以及主账号的引流，在短时间内获得了2.6万粉丝的支持。在这一矩阵号中，主账号与其子账号的相同人设就是学习音乐、唱歌好听的学生，由此便吸引了不少热爱音乐的粉丝，这也是不同账号之间可以相互引流的重要根据之一。

二是不同账号的垂直领域具有相关性。之所以能够在矩阵号内进行账号间的粉丝引流，最重要的就是矩阵号中的账号垂直领域具有相关性，且账号由始至终专注于一个领域，不要中途做出改变。在关注创作者时，粉丝都是出于对账号某一特质的喜爱，尤其是对该账号的垂直领域比较感兴趣。如果在运营中改变垂直领域，就有可能失去此前积累的粉丝，出现掉粉的情况。同样的，在打造矩阵号时，不同账号之间的垂直领域也应该具有相关性，才能吸引同一批粉丝，实现内部引流。

主账号"柚子cici酱"在抖音平台拥有近两千万粉丝，日常发布的账号内容大多是帮闺蜜出气、与各种渣男互怼的剧情（如图6.1所示）。子账号"柚子买了吗"的视频内容大部分是推荐各种好用的美妆产品，如

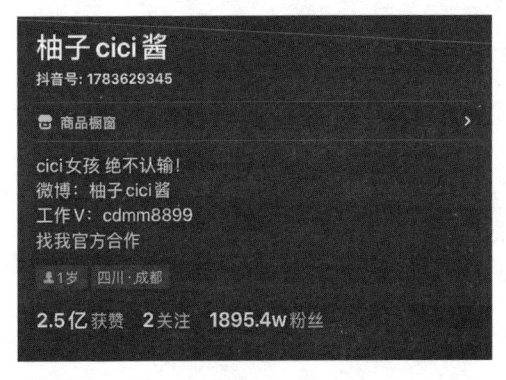

图6.1 主账号"柚子cici酱"个人主页

粉底液、唇釉、卸妆水等（如图6.2所示）。从主账号涉及的垂直领域来看，其粉丝群体的主要构成是年轻女性，尤其是被男生伤害过的单身女性，账号发布的视频正是在为这一群体打抱不平，因此很容易引起粉丝的共鸣。而子账号的垂直领域为美妆个护的好物推荐，美妆正是年轻女性这一群体关注的焦点，契合粉丝群体的消费喜好，可以提高广告变现的效率和流量内部引流的能力。

图 6.2　子账号"柚子买了吗"个人主页

在子账号"柚子买了吗"的视频中，博主在推荐美妆用品的时候也会设置一个故事背景，且与主账号的垂直领域基本一致。比如在推荐一款卸妆水时，创作者设置的故事背景是收到一个前男友寄来的快递，意在嘲讽女主妆前妆后差距较大，但是女主却发现，这个卸妆水真的很好用。创作者通过这样前后反转的小故事，增加了广告视频的趣味性，也提高了视频的完播率。

在使用矩阵号时，要注意不要使用同一个手机登录不同的账号，最好可以为每一个账号专门准备一个手机。同时，在登录时尽量使用流量网络，同一个WiFi信号不连接超过5个账号，否则将被系统判定为营销号，降低账号被分配流量的权重。

矩阵号的运营方式

矩阵号的运营方法主要可以分为以下三种：

一是"蒲公英型矩阵"。这种模式是在一个账号发布信息后，让其他多个账号进行转发，再以其他账号为中心进行新一轮的扩散。这一种抖音矩阵模式适合旗下品牌较多的企业，可以通过矩阵的整体优势扩大信息覆盖面，进一步加强粉丝对于企业品牌的印象。

二是"1+N型矩阵"。这种模式是在一个主账号下再开设"N"个产品专项账号，以此构成完整的抖音宣传体系。产品结构与品牌构成比较简单的企业可以使用这种模式。一旦产品在粉丝心中有了鲜明的特色，就更能激发受众群体的购买欲。

比如，以主账号"夏天家潮流女装"（如图6.3所示）为首的矩阵号就是典型的"1+N型矩阵"，账号矩阵包括"夏天家的日常""夏天家的小仙女""夏天家搭配师"等。账号"夏天家潮流女装"是品牌的官方账号，主要发布品牌上新的相关内容。子账号"夏天家的日常"（如图6.4所示）主要发布在日常生活中的不同场合应该如何挑选合适的衣服的视频；"夏天家的小仙女"（如图6.5所示）主要发布各种不同风格的穿搭推荐视频；"夏天家搭配师"（如图6.6所示）则主要发布各种穿搭合集视频，如裙装合集、裤装合集等。该矩阵中的不同账号各有侧重，形成了一个完整的链接，强化了"夏天家"的品牌形象，最大限度地激发了粉丝群体的购买欲望。

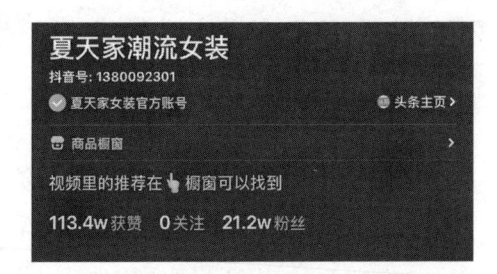

图6.3 账号"夏天家潮流女装"个人主页

图6.4 账号"夏天家的日常"个人主页

图6.5 账号"夏天家的小仙女"个人主页

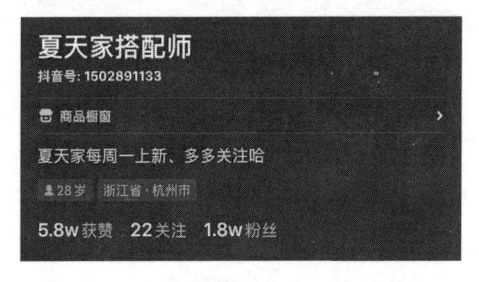

图6.6 账号"夏天家搭配师"个人主页

三是"AB型矩阵"。这种模式是以塑造品牌形象为目的，以"形象抖音账号+品牌抖音账号"的形式组建抖音矩阵。需要注意的是这两个抖音账号一定要有明确的定位，不然很容易造成信息混乱的情况。前面所举例的账号"柚子cici酱"与"柚子买了吗"就是这一类型的矩阵号，其中主账号"柚子cici酱"担任的是形象抖音账号的作用，主要以霸气、直爽的女强人形象吸引粉丝，而"柚子买了吗"则是与品牌相关的抖音账号，主要负责拍摄广告、流量变现等工作。

认识矩阵号的特征和类型，掌握矩阵号模式，对于快速提升抖音账号的热度十分有效。有条件的创作者可以根据这些方法和案例去尝试着运营矩阵号，帮助自己的主账号实现热度增长。

6.2 如何突破账号瓶颈期？

在账号运营前期，由于账号刚刚创立，有抖音的流量扶持，因此涨粉速度较快。然而运营的过程不可能是一帆风顺的，运营到一定阶段时，有一些创作者就会发现账号的涨粉速度明显下降，甚至不升反降，出现掉粉的现象。有一些创作者在这种情况下会过度焦虑，进而方寸大乱，无法创作出受欢迎的视频，使账号运营陷入恶性循环。这时就是账号进入了所谓的运营瓶颈期。

具体来说，进入账号运营瓶颈期指账号在运营过程中遇到了一些困难，进入了一个艰难时期。跨过这一阶段，账号就能更上一层楼；反之，则会停滞不前。因此在这种关键时刻，创作者一定要稳住心态，用科学的方法来帮助账号度过瓶颈期。

在近几年的抖音网红账号运营实践中，我们总结出了三种度过瓶颈期的方法，分别为"大号带小号"、"火上浇油"以及作品积累法。下面本书将结合实例具体来谈一谈如何运用这几种方法。

"大号带小号"法

在此我们区分账号"大""小"的标准是粉丝数量的多少，准确地说是账号的真实粉丝数量，这一标准考验的是账号的活跃程度。有一些账号虽然粉丝数量很多，但大部分是"僵尸粉"，不参与视频的互动，不进行评论、收藏和点赞，这类账号不能被称之为"大号"。

使用"大号带小号"时，"大号"可以是运营者的矩阵号中运营得最好、粉丝活跃程度最高的账号，也可以是与其他创作者达成协议的合作账号。这也就是"大号带小号"的两种具体操作方式。前者是创作者利用自己运营的矩阵号中效果比较好的账号来为涨粉遇到瓶颈期的"小号"引流,通过活跃账号的粉丝,增加"小号"及其作品的热度,使得系统将"小号"投放到更高一级的流量池,借此冲破瓶颈期。具体做法有在"大号"文案中"@"另一个账号、转发"小号"的作品等。后者则是在创作者没有矩阵号,或者是矩阵号中运营效果最好的账号遇到瓶颈期,没有更"大"的号可以进行引流时,就可以与同类其他账号进行合作,借以突破瓶颈期。

如果选择与同类其他账号进行合作,一定要认真挑选合作账号。内容越是相近的两个账号,其粉丝群体的相似度就越高,合作共赢的几率也就越大。尤其是与自己风格相近的账号进行合作,更有可能获得粉丝的青睐,实现快速涨粉。

抖音上很火的萌宠账号"王泡芙"就经常与同类账号进行合作。"王泡芙"是一只网红猫的名字,它的主人为了帮自己的猫"相亲",与另一只名为"安生"的网红猫的主人进行了互动。两位创作者线下相聚,拍摄了两只猫"相亲"的过程。母猫"王泡芙"在相亲过程中显得十分霸气,将平时有点凶的"安生"吼得一愣一愣的,以致两位主人在视频文案中都表示"这不是我想象中的相亲画面"。

两只猫咪的反差萌让一众网友直呼可爱,收获了许多好评。账号"王泡芙"的点赞数也急速上升,关于"王泡芙"相亲的两个视频分别收获了将近106万与95万点赞数,而该创作者平时的点赞数大部分在40万左右。与账号"安生的爸爸"的合作让账号"王泡芙"的点赞数相比日常视频翻了一倍,其效果之佳也就不言而喻了。对于账号"安生的爸爸"来说也是如此,在发布猫咪"相亲"的视频之前,该账号的点赞数大多少于30万,而两个"相亲"视频分别收获了约120万和100万个点赞,远超其日常的视频作品。

这一事件的成功走红正是两位创作者互利共赢的合作成果。严格来说,账号"王泡芙"拥有1509万粉丝,总获赞数为1.4亿(如图6.7所示);而账号"安生的爸爸"拥有1071万粉丝,总

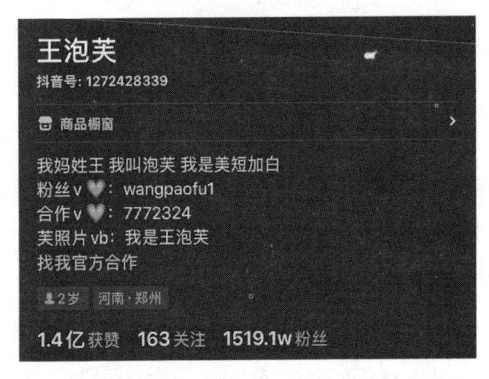

图 6.7 账号"王泡芙"个人数据

获赞数为1.0亿（如图6.8所示），二者不算"大号带小号"，而是"大号"的强强联合。在此处以这两个创作者为例，主要是为了说明两个账号联合运营的成果是十分显著的，完全可以创造出"1+1>2"的效果，为账号带来巨额的流量。

虽然"大号"之间的互动可以为双方带来巨大的效益，但是对于"大号带小号"模式来说，由于被带的一方是影响力较小的账号，会不会因此失去效果呢？相信这也是绝大多数创作者的疑问。实际运营中，许多创作者担心这种互动会由于自己流量不够而收不到成效，甚至可能被"大号"的粉丝质疑蹭热度。其实，"大号带小号"的成功案例，在账号"王泡芙"的运营中也是可以找到的。

图 6.8　账号"安生的爸爸"个人数据

图 6.9　账号"养乐多多多"个人数据

在仔细观察了账号"王泡芙"的视频作品后，我们发现，除了与"大号"的强强联合，账号"王泡芙"与其他猫咪也有着密切的互动。比如与邻居猫咪"多多"的日常串门视频，也收获了许多点赞。账号"王泡芙"所发布的三则去邻居"多多"家串门的视频收获了比日常视频更高的点赞数量。账号"养乐多多多"（即猫咪"多多"的专属账号）仅是一个拥有72万粉丝的创作者（如图5.9所示），但是他与"王泡芙"的互动依旧带来了比平时更高的观看量。

因此，创作者们遇到瓶颈期时，不要担心与"大号"的合作会没有任何效果，更不要担心会被质疑蹭热度。只要精心选择合作对象、耐心打磨优秀的视频作品，就能够打动粉丝，获得更多的流量，从而突破账号瓶颈期。

"火上浇油"

第二种方法我们形象地称之为"火上浇油"。这个方法是指当创作者处于涨粉瓶颈期时，如果出现了一个爆款视频，一定要在较短时间内发布另一个视频。连续输出视频可以迅速加深路人对该账号的印象，从而实现从流量到粉丝的转变。

比如账号"干脆"发布了一则在雪中跳舞的视频后走红，在同一天内，创作者就晒出了自己拍摄失败的视频，并配文案解释："哪有一次成功的事"。从账号"干脆"的个人数据中可以看到，她平时的点赞数最高也只有100余个，而忽然爆火的视频则收获了18万的点赞。同一天内创作者发布的第二则视频收获了700多个点赞，虽然远不如爆款视频，但也明显超过了平时的点赞数。因此，在产生爆款视频后，短时间内再发布一则相关视频，确实可以对留住流量起到一定的作用。

账号"Alicia"的运营中也使用了"火上浇油"的方法。她发布了一则在洛杉矶体验网红玻璃滑梯的视频，这一滑梯地处高层，风景优美，但是又由于所处位置过高，视频中营造了一种紧张和新奇交织的氛围，因此收获了97万点赞。在同一天中，创作者又发布了一则自己在进入滑梯前犹豫的视频，声称鼓起勇气滑下去真的很不容易。观察账号"Alicia"的个人主页数据可以看到，在发布爆款视频之前，她的最高点赞数不超过3000个，大部分视频只有几百个点赞。而产生爆款视频之后的第一个视频得到了8000多个点赞，第二个视频得到了1000多个点赞。这都是爆款视频所带来的流量，而这些流量正是"火上浇油"可以帮助创作者突破瓶颈期的关键。

因此，如果你的账号运营到达了瓶颈期，在粉丝增速明显下降的情况下，产生爆款视频后迅速跟进，发布相关视频，就有可能借助爆款视频的流量来帮助自己突破瓶颈期，让账号的运营更上一层楼。这就是我们从实际案例中总结出的"火上浇油"法。

除了"大号带小号"与"火上浇油"，最务实的办法就是要慢慢地积累作品，用心拍摄真正能打动粉丝的视频，通过量的积累来寻求质的飞跃，突破账号瓶颈期。如果说前两种方法是技巧型的运营方式，那么积累作品法就是笨鸟先飞，也是最根本的方法。短视频领域的流行趋势看似千头万绪，也有许多涨粉技巧可供使用，但终究还是一个"内容为王"的时代，只有耐心拍摄、制作优质的视频，才能在千变万化的潮流中立于不败之地。

6.3 短视频电商营销思路

跟着本书的运营思路操作到现在，相信各位读者的抖音账号也已经积累了一定的作品和粉丝了！抖音作为现在全网最活跃的短视频平台，早已成为短视频电商的必争之地。那么，在抖音平台成为短视频电商，其营销思路应该是什么样子的呢？

首先，在抖音平台做电商，运营思路一定要契合自己的粉丝群体。2016年9月，抖音作为一款音乐创意短视频社交软件上线，当时的Slogan是专注新生代的音乐短视频社区。现在，抖音发展成了一款社交类的软件，任何人都可以通过短视频来分享自己的生活，其Slogan也变成了"记录美好生活"。这就是抖音作为短视频平台的特性，生活气息浓厚。也就是说，在做抖音短视频电商运营时，运营思路一定要接地气。只有契合抖音用户思维方式和消费习惯的运营思路才是适合抖音平台的创作者的。

其次，短视频电商的运营一定要以优质的视频内容为基础。随着短视频行业春天的到来，用户越来越希望能够在碎片化的时间里通过短视频获取知识或者使心情得到放松。从QuestMobile对下沉市场用户的画像分析中可以看出，大部分用户希望通过短视频App打发时间、学习新技能、了解新事物。所以，只有为用户提供优质的、有价值的内容，才是打造个人品牌、维持用户黏性的基础。

最后，想要在抖音平台实现较好的盈利，建议各位创作者创立自己的品牌，开通个人抖音小店。目前抖音上的大部分创作者还是靠带货、接广告来实现盈利，但是电商最直接的变现方式是通过打造个人品牌来直接卖货。举个例子，抖音红人"李子柒"如今的影响力不可谓不大。2017年，李子柒火遍全网，被誉为"2017第一网红"，但是她并没有选择过快地代言品牌或者接商品广告。随着个人形象的巩固以及知名度的提升，2018年8月17日，李子柒同名天猫店铺正式开业，主要销售与其视频内容相关的食品（如图6.10所示）。积蓄已久的粉丝流量迅速带火了这家店铺，其销售成绩在各个垂直领域都十分可观。2019年10月，李子柒与故宫进行了合作，依靠故宫这一热门IP来扩大自身品牌的影响力。2019年11月，李子柒个人品牌的实体"快闪店"在北京前门大街正式开张，来自全国各地的游客络绎不绝，展现了品牌不俗的影响力（如图6.11所示）。

图 6.10　天猫平台上的李子柒旗舰店　　图 6.11　前门大街上的李子柒快闪店

其实李子柒早在2016年发布视频时，就很注重个人品牌的维护。在李子柒2016年的第一个视频中，就清晰地印有"李子柒"三个字样，此后的所有视频也是如此。经过了几年短视频的沉淀和运营，李子柒最终延长了作为快消时代的网红的生命周期，为日新月异的短视频市场提供了一种新的营销思路与变现选择。

我们并不是认为短视频创作者不应该盈利，恰恰相反，盈利是许多短视频创作者的目标，也是激励他们创造优质视频内容的原生动力。不过，短视频创作者在追求变现的同时，也要注意自己的运营方法，不要因为代言或推广商品而过度利用自己的账号，导致粉丝黏性降低，提早结束本就短暂的电商生命周期。在策划短视频电商的运营思路时，创作者需要使自己的思路符合粉丝群体的思维习惯，用优质的视频内容打动粉丝、留住粉丝，沉下心来打造自己的个人IP，这条路并不好走，但能使各位创作者走得更加稳健。

第七章
账号运营两大雷区

在运营短视频账号时,新手创作者们很容易因为不够了解短视频平台的规则而误入雷区。短视频账号的运营是一气呵成的,如果在中间走错了路,想要亡羊补牢可没那么容易。账号运营中虽然总是"失之毫厘,谬以千里",但却又不会立马显示出错误的结果,往往等创作者意识到运营出了问题时,已经来不及补救了。所以,在运营抖音账号时,创作者一定要提前掌握抖音账号运营的雷区,避免踩雷。

7.1 雷区一:"重发必火"

在刷抖音时,我们经常会遇到创作者将同一个视频再次发布的现象,而原本点赞数很一般的视频,在发布第二遍之后确实存在着点赞数增加的现象,这就是大家常说的"重发必火"。

比如,账号"王撕葱"在2019年1月6日发布了一段由搞笑GIF动图合成的视频,获得了1.8万点赞。三天后,创作者重新发布了这一视频,重发的视频获得了7.6万的点赞,同时,评论数与转发数也都有了明显的增长。在这种示例的影响下,很多人都相信了抖音"重发必火"这一"玄学"。

不过，关于抖音平台"重发必火"的说法只不过是一种谣传。要彻底揭秘这一错误说法，还得从抖音的分级流量池推荐机制说起。当一个用户发布了短视频之后，抖音官方会为这个视频分配一定的流量，这些流量就构成了初级的流量池。如果这些被推送的第一批用户对你的视频普遍不感兴趣，这个视频就会被系统判定为普通作品，失去进入下一级流量池的机会。在这种情况下，重发这个视频时如果恰好遇到的是对视频内容感兴趣的一批流量，就可能会被系统投入更高一级的流量池中，进而成为爆款视频，获得比此前更多的互动量。

从推荐机制的角度来看，"重发必火"的根源还在于作品的质量本身。如果作品的质量一般，哪怕是重发时换了新一批的用户，也会因为数据平平而再次错失进入下一级流量池的机会。用户"小沈（反迷你）MC家族"在2019年8月18日发布了一则游戏视频，获得了751个点赞。8月26日再次发布这一视频时，收获了757个点赞，仅比首次发布时多了6个点赞，评论数反而下降了。

重新发布的视频除了点赞数涨幅不大之外，甚至也有可能出现各方面数据都不如首次发布的视频的情况。比如账号"秦都区富利隆服饰店"在2019年11月29日发布了一则试穿长筒靴的视频，获得了545个点赞，拥有195条评论以及79次分享。12月6日重新发布视频时，只获得了252个点赞，71条评论以及36次分享。

对于创作者觉得质量上乘的视频，如果第一次发布时获得的关注没有达到预期的效果，也可以对发布时间、文案等进行优化后再次发布，有可能会获得比上一次更好的效果。比如账号"罗冰儿"发布了一则以吹风机冒充高跟鞋，借助楼梯营造自己利用吹风机的动力飞起来的假象，得到了8000多个赞。而由于这一视频将吹风机连接电源，被抖音判定为"该行为存在风险"。随后，作者修改了自己的视频，将吹风机的电源拔出，再次发布后获得了50万个点赞。在第二个视频中，抖音虽然也判定该行为"可能存在风险"，但是其危险程度明显已经比前一个视频轻很多了，而作者也获得了远超前一个视频的点赞数。所以，重发后火爆的视频，必须要对前一个视频的短板进行补足，如果只是原封不动地再次发布，想要火爆只能是等待"瞎猫碰上死耗子"的运气，而这种运气通常是可遇而不可求的。

"重发必火"只是一种谣传。那些重新发布后走红的视频，其实是由于第一次发布时初级流量池的受众不适合，或是发布时间不佳等因素，而被埋没在众多视频中。除了少数几个重发之后火了的视频被大家看见，更多重发的视频淹没在抖音平台成千上万的视频作品中，但是因为这些视频没能被看见，所以才有了一种"重发必火"的错觉。归根结底，想要打造爆款视频没有捷径可走，还是得从视频内容抓起，打造高质量的内容并用心运营，才能取得成功。

7.2 雷区二：内容发布不规律

抖音账号运营还有一个雷区——内容发布不规律。内容发布不规律其实就是前期对账号策划不到位的表现，具体分为更新时间不规律、视频内容的垂直类目不统一、视频封面风格过于杂乱等。

拥有规律的更新时间和更新频率可以让粉丝形成一种惯性，每天在某个时段都可以等到创作者更新的视频，这是培养粉丝黏性极其重要的方法。而短视频作品内容统一、封面风格统一，有利于给粉丝留下深刻的印象，提升账号在粉丝眼中的专业程度。

比如账号"超哥自媒体"，在个人简介中清楚地写明了该账号每晚10点都会进行直播，这一行为已坚持5个月。科学研究表明，人养成一个习惯大约需要21天。对于粉丝来说，如果他们每天都能在晚上10点看到该账号创作者的直播，就会养成一种每天来看直播的习惯，学习一些自媒体运营的小技巧。长此以往，粉丝黏性就会大幅度提升，账号的活跃度也就随之提升。

再看该账号的短视频内容，全部是关于自媒体运营的干货和小技巧，而且视频封面统一，视频内容全部为横屏16∶9的格式，在上方的黑色背景里用白色字体写上视频标题，一目了然。每一个视频左上角都有"超哥自媒体"的Logo，这无形中大大强化了账号的人格化形象，给粉丝留下了深刻的印象。

不止"超哥自媒体"，如果细心观察，可以发现很多成功的抖音账号都有更新频率规律、短视频作品垂直类目清晰、短视频作品风格统一的特点。这无疑更加印证了内容发布的不规律是账号运营的雷区之一，创作者们在运营时一定要注意规避。

第八章
抖音变现七大方式

● ● ●

"记录美好生活"是抖音平台的Slogan，也是绝大部分抖音用户的真实写照。在刷抖音时，我们也能感受到祖国各地的风土人情，领略世界各国的异域风光。如果说网络使世界各地的陌生人之间的联系更加紧密，那么短视频平台的出现则赋予了这些联系更具象的表现。视频比文字、声音更吸引人的地方在于视频提供了一种身临其境的体验，也实现了故事与表演的真实融合。

尽管大部分人都在抖音分享生活，但是从数据来看，在抖音平台有95%的账号粉丝不足1万。换句话说，抖音平台5%的网红账号几乎占据了全部流量。庞大的流量带来了无限的商机，对于致力于成为短视频电商的创作者来说，除了记录真实的美好生活，他们还希望能将抖音上获得的流量成功变现。变现所得的收益也能支持他们创作更优质的视频内容，这是短视频电商行业应有的良性循环。

因此，如何走好从运营涨粉到流量变现的道路，是成为一名抖音网红的必经之路，也是抖音运营中最关键的一环。

8.1 拥有粉丝 ≠ 实现盈利

在抖音官方发布的《2019抖音数据报告》中，2020年1月5日抖音的DAU已突破4亿。几乎可以肯定，手机社交软件市场中，"两微一抖"（即微信、微博与抖音）三分天下的格局已经奠定了。用户人数的饱和带来的结果是抖音的用户增长流量红利开始下降。但是，抖音短视频的商业流量红利才刚刚开始，在接下来5G网络的普及过程中，越来越多的人会使用抖音App进行购物、消费，这为即将入驻抖音的创作者预留了很大的红利空间。

当然，作为抖音平台的短视频创作者，最开心的事情莫过于看见自己的作品有流量、有互动，账号每天都能快速涨粉。在账号运营初期，很多创作者都希望自己运营的账号能早日变成拥有数十万甚至上千万粉丝的爆款账号。然而，拥有自己的粉丝群体，就等于成为月入数十万的网红了吗？答案是否定的。新手创作者必须要通过科学运营和合理变现，才能在竞争的激流中突飞猛进，赢得一席之地。

如何将积累的粉丝流量转化变现也是一门学问。在抖音平台，用户购物的流程主要有三个阶段：制造需求阶段、决策购买阶段以及分享传播阶段。这也就是说，拥有粉丝并不直接等于实现盈利，创作者在拥有了粉丝和流量之后，还需要经过三个环节的运营规划，才能实现流量变现。

一是制造需求阶段，在这一阶段中创作者要做的是通过社交分享，激发粉丝的非计划性购物需求。为什么强调要激发的是粉丝的非计划性购物需求呢？因为在社交电商中，粉丝打开软件时并不是有目的地想要进行购物。尤其是抖音平台的去中心化推荐机制，用户很难在刷推荐视频时恰好看见自己想要购买的商品。这就需要创作者在拍摄视频时，从用户的痛点入手，挖掘他们的购买欲。

比如账号"衣带保智能技术"是一个售卖腰带气囊的厂家，他们的产品——腰带气囊可以绑在腰上，在老年人摔倒时保护他们的安全。在视频创作时，其创作者扮演一个突然滑倒的老人，在倒下的一瞬间，腰带气囊迅速鼓起，保护了创作者的人身安全。日常生活中，老年人摔倒的事件时有发生，由于老年人骨质疏松，因摔倒而危及生命安全的概率也就大大增加了。这是身为子女的我们最担心的事情之一，但大多数人并不知道有这样一种腰带气囊的保护装置，更不会去专门搜索、了解相关产品。在这一视频中，创作者的内容戳中了许多粉丝的痛点，利用子女对老年人的担心，激发了大多数人的购买欲望，这就是变现过程中的第一阶段：制造需求。

二是购买决策阶段，创作者需要利用粉丝的信任快速促成购买行为，提高转化效率。无论是依托于抖音平台实现变现，还是要将粉丝引流到其他平台，都需要在粉丝产生购买欲望时快速促成购买行为。在短视频电商平台，粉丝大多不是有计划性地购物，而是看到视频时被激发出购买欲，这种欲望的产生可能就在一瞬间，也可能会很快地消退，所以创作者要抓住这个短暂的时机，快速引导粉丝下单。

比如账号"三岁你干嘛"创作的视频，她在视频的开头涂了10层深色粉底液，用来测试卸妆水的效果。用卸妆水卸完一遍之后，她用新的化妆棉又擦拭了一遍，对着镜头展示。在视频中可以看到，第二遍擦拭时化妆棉几乎是干净的，证明该卸妆水的效果是很不错的。视频到这里时，创作者已经完成了变现环节的第一阶段——制造需求。紧接着创作者又表示，该卸妆水不仅温和无刺激，养肤成分含量高，而且还十分便宜。点进视频下方的"视频同款"链接可以发现，平时售价为119元的卸妆水，如今只要69.9元，而且还能领优惠券，最终的价格只需要59.9元。如果没有折扣这一环节，也许有的粉丝会因为自己的卸妆水还没用完，不需要囤货，放弃购买。但如果马上购买可以享受力度很大的折扣，大多数人就会为了省钱而立马下单。所以，折扣对于大多数粉丝而言，就是促成其快速购买的动力，在产生需求后，一定要尽快地引导粉丝购买，才不会功亏一篑。

三是分享传播阶段，在这个阶段中，创作者需要激发粉丝的分享意愿，借助粉丝的传播降低获客成本。传播性强、能够让粉丝自发分享视频，是抖音作为短视频电商平台的特点之一，利用好这一点，就能在变现中快人一步，抢占市场。

比如账号"蜜桃好物狙击"发布的视频，内容是盘点既平价又高颜值的闺蜜小礼物。对于女生来说，看到好看的小礼物总是会忍不住地"买买买"，尤其是那些可以和闺蜜分享的小礼物，所以看到这个视频后，用户一定会将它分享给自己的闺蜜，计划着一起买哪个商品。其实，这就达成了视频和商品的分享传播。美好的事物总是让人忍不住想要分享，只要能够把握这一点，就能让自己的视频广泛传播，进而转化更多的购买订单，赢得更多的利润。

这就是变现过程中的三个不同阶段。掌握这三个阶段的不同变现节点，粉丝和流量的力量就可以被合理利用，否则，拥有再多的粉丝也只是空中楼阁、水月镜花罢了。

除了变现过程的不同环节，变现方式的选择也是很重要的。目前，抖音平台的爆款账号选择的变现方式各有不同，经过总结，我们将这些变现方式大致归纳为七种，按照变现所依托的平台，又可以将这七种方式分为三类：依托抖音平台变现、引流到其他平台变现以及其他变现方式。这三类变现形式各有千秋，适合不同账号类型的创作者，且侧重点不同，需要结合实际的运营情况来决定。在下文中，本书将按照变现平台的不同，详细介绍这七种方式。

8.2 抖音平台内部变现方式

十年前，电商行业或许对于许多人来说还是个新概念。正是这一行业在近些年的发展中突飞猛进，一次又一次地创造了可观的成交额。随着时间的推移，原本年轻的电商行业也被划分出了传统电商与新形式电商两个阵营。自2016年以来，直播电商、社交电商等行业异军突起，迅速抢占了传统电商的市场份额。与传统电商相比，社交电商拥有发现式购买、去中心化、场景丰富等独特优势。同时，社交电商的用户黏性强，每个人既是消费者，也是推荐者，在这些优势的加持下，社交电商成了网络购物中的一匹黑马。

这是一个全民造星的时代，主播与短视频创作者们凭借流量红利，不费吹灰之力就可以创造出比传统电商更为可观的销售业绩。与此同时，各直播软件、社交软件之间的竞争，各个主播、短视频创作者之间的竞争也愈发白热化。作为社交电商大平台之一的抖音，也毫不例外地加入了这场没有硝烟的战争。

正如本书一再提到的，抖音平台的用户群体已达到8亿，日活跃用户数量突破4亿。庞大的用户群体预示着巨大的消费市场和潜在的利润空间，这也是抖音平台得以吸引成千上万名短视频创作者的原因之一。直接依托抖音平台进行变现，意味着减少了引流的中间环节，有利于缩短变现周期，提高变现效率，是很多短视频创作者的首选。在抖音平台直接变现的方式有三种，分别是打造个人品牌、商业广告合作以及与供应链合作。

变现方式之一：打造个人品牌

韩国彩妆大师"Pony 朴惠敏"，是韩国数一数二的彩妆达人，她的彩妆以易上手、超实用、最时尚及效果惊人等特点，集聚了难以想象的超高人气。不止韩国，我国关注彩妆资讯的粉丝对她也毫不陌生，在微博平台，她拥有1000多万粉丝。凭借着高超的化妆技巧和出色的仿妆，Pony迅速走红，各种商业广告也随之而来。2015年11月，Pony在韩国创立了自己的美妆品牌"Pony Effect"，并在首尔设立了实体店，开始打造自己的美妆产品。2017年1月，Pony的个人美妆品牌入驻淘宝天猫平台，上架多款美妆产品，创造了可观的销售成绩。

像Pony这样以打造个人品牌进行流量变现的方式在明星、运动员、网红等知名人士中比较常见。比如明星郑恺拥有自己的品牌"Dueplay"，以售卖潮流服装为主；跳水皇后吴敏霞，退役后创立了个人品牌"敏行者"，以专业角度设计泳装；抖音红人李子柒，其同名天猫店铺于2018年开业，主要销售与其视频内容相关的食品；抖音红人"豆豆 Babe"曾获抖音直播十佳好物推荐官的殊荣，其抖音小店中出售的便是其个人品牌的美妆护肤产品。

建立个人品牌的变现方式比较长远，需要经过长时间的涨粉运营，用户黏性达到一定的程度，才能实现盈利。主要有三点需要注意：

一是提前树立商标意识，在前期运营中埋好伏笔。抖音拥有庞大的用户市场，在抖音平台内开通抖音小店，打造个人品牌，具有巨大的投资价值。希望打造个人品牌的新手创作者可以借鉴李子柒的变现方式，在运营早期积累质量较高的视频，巩固粉丝群体，注重商标保护。在每个视频设计属于自己的Logo，加深粉丝对商标的印象。在中期，可以先选择比较大的机构、企业进行合作，提升知名度以及粉丝对创作者个人品牌的信任度，比如李子柒与故宫合作推出的联名款，Pony与韩国最大化妆品电商平台MEMEBOX合作推出的Pony Effect。行业内知名度广、品牌影响力大的企业或机构在市场上已经积累了大批支持者，这是靠多年的品牌质量与宣传沉淀下来的。与之合作可以帮助短视频创作者进一步提升自身影响力，也可以在合作中提高产品质量，借鉴合作方的管理模式。这就好比是高考前的模拟考，可以检测自身的不足，及时查缺补漏。下一步，创作者们只需要趁热打铁，推出自己的品牌即可。

二是在前期规划账号调性、选择垂直领域分类时，创作者需要考虑并决定自己所要涉及的领域，一旦确定后就不可再轻易更改。确定垂直领域之后，选择与之相关的商品进行销售，可以最大限度地吸引粉丝进行消费。比如你是一个美食博主，就可以自己创立食品品牌，售卖自己制作的食品；如果你是一个健身博主，则可以售卖健身器材、健身衣物等产品；如果你是一个萌宠博主，可以选择销售猫粮、狗粮、猫爬架等宠物用品。这样你的粉丝群体就能和品牌销售的产品完美契合，避免资源浪费。这也是本书十分强调前期账号调性设计重要性的原因之一。

三是关于垂直领域选择的建议。目前抖音上各类商品的品牌中，诸如美妆、个护等垂直领域都已经出现独占鳌头的大V博主，市场饱和度较高，给后来者留下的盈利空间并不多。然而，在生鲜瓜果领域，售卖自家水果的果农账号还未有超级大V出现，对新手创作者来说是比较有优势的领域。创作者们可以考虑在这一领域进行深挖，把握平台红利及政府的惠农政策的扶持力度。

比如水果类账号"狗子"，拥有137万粉丝，共发布了400余视频，获赞70几万。从"狗子"的个人主页可以看到，他的视频基本上是在水果原产地拍摄的，如大棚、野外等，可信度很高，让粉丝一看就觉得很靠谱。除了使用原产地的拍摄场景，该账号还拍摄了水果的特写，画面中的草莓色泽诱人，份量也很足，很容易勾起粉丝的购买欲望。在"狗子"的商品橱窗中，各种水果的销售量也是十分可观的，其中销量最高的水果是芒果，已售20.4万单，仅次于芒果的果冻橙也已销售了12万单。这，也是我们认为抖音短视频电商平台的瓜果类账号的市场前景良好的原因之一。

变现方式之二：商业广告合作

"带货"一词是近年来兴起的网络流行语，意为明星等公众人物对商品的带动作用。由于大众普遍对明星等公众人物存在崇拜心理，他们所使用或推荐的商品也会在普通民众中迅速流行起来。此前只有演员或歌手等明星能拥有这种神奇的能力，而随着直播经济和短视频电商的崛起，"带货达人"的职业也发生了很大的转变，各行各业的"网络红人"通过直播、短视频等媒介，可以随时随地向粉丝和观众推销产品。

这些现象也不可避免地对商家的广告投放策略产生了影响。在网络媒体出现之前，厂商投放广告的主要途径是户外实体广告位以及电视渠道。随着网络的普及，广告的投放也逐渐转到了线上，尤其是大数据技术的发展可以收集用户信息，利用用户画像实现广告的精准投放，提高广告的变现率。而直播经济与短视频电商的兴起更是为广告投放开辟了新平台。相比于其他传统的广告方式，网红带货的形式是建立在粉丝对主播或创作者的信任感上的，在这种情感驱使下，广告变现效果被极大地提高了，下单周期也缩短了不少。

如果引流到其他平台，还需要对其他平台的账号进行维护，需要维持与抖音账号一致的人设，巩固粉丝黏性等，这一系列工作将会耗费创作者巨大的精力。如果缺乏专业团队的管理，可能会由于精力不足造成视频质量下滑，影响账号的运营效果。因此，对于缺乏运营、包装团队的创作者来说，依托抖音平台就地取材，通过打广告的形式进行变现，是更优的选择。

除了节省团队人力成本，以商业广告的形式获取盈利，还可以充分利用抖音平台广告容量大的优点，轻松实现流量变现。广告容量是体现目标媒介广告空间大小的重要标准，具体体现在目标媒介的日活跃用户数与人均单日使用时长。抖音作为社交短视频平台，其用户比其他电商平台黏性更强。以淘宝为例，淘宝平台的搜索推荐机制与抖音平台去中心化的特点不同，淘宝根据商品的权重决定优先显示哪些商家的产品，用户这一次在你的店铺中消费，下一次再搜索时就去了别的店铺。这就是商家们常说的，用户是淘宝的用户，而不是商家的。

在抖音，粉丝与创作者之间的关系是建立在情感共鸣的基础上的，二者的联系更为紧密。因此，短视频创作者在承接商业广告时，可以利用个人影响力对粉丝进行潜移默化地推销。由于粉丝对创作者充满信任，他们在下单时往往更容易受到情绪的控制，进而产生大量消费行为。

如果准备以商业广告合作的方式变现，创作者可以在简介中留下自己的联系方式。比如账号"无敌灏克"的简介中就提到了要谈合作可以联系自己的微信账号，并强调需要注明"灏克合作"（如图8.1所示）。这样商家就可以通过个人主页快速地找到创作者，洽谈合作事宜了。

图 8.1 账号"无敌灏克"主页

提到商业广告合作，就不能不提到"星图"这一功能。星图是抖音平台官方推出的商业广告合作功能，是品牌主、MCN公司和明星/达人进行内容交易的服务平台。官方推出星图功能的主要目的在于海量聚合明星/达人、持续输出优质内容、高效管理交易流程，进而提升用户体验。星图功能可实现订单接收、签约达人管理、项目汇总、数据查看等功能，实现内容交易过程中多重交易角色的连接与沟通。简而言之，这是抖音官方推出的"收保护费"功能，不参与星图计划的商业广告有可能会面临被限流的风险。不过这里的"收保护费"并不是贬义的，毕竟星图计划是为了保护整个抖音社区的创作环境，如果任由所有创作者随意承接商业广告，那么抖音的优质内容占比必将减少，这会影响到抖音平台的用户体验，不利于平台的长久性、持续性发展。

比如账号"代古拉k"是一个舞蹈类短视频创作者，她曾在上线短短一个月内暴增1000万粉丝，成为抖音舞蹈类KOL网红排行榜上的常客。在她的主页简介中可以看到"找我官方合作"这一按钮（如图8.2所示），点击这一链接，即可跳转到账号"代古拉k"的专

图 8.2 账号"代古拉k"主页

属星图功能页面。该页面标识了账号"代古拉k"的平均播放、平均点赞和平均转发三项数据，可以帮助商家更好地判断该账号的价值，以此决定是否合作或支付多少合作费用等。

有一些创作者可能会疑惑，账号做到什么样的程度才能开始接商业广告呢？一般来说，当你的账号拥有40万左右的真实粉丝之后，就会有商家主动寻求与你合作。不过这只是在实操过程中得出的大致数据，不同垂直领域的账号能接到商业广告合作项目的最低粉丝数也是不一样的，需要在实操中才能确定。此外，商业广告的合作报酬与账号粉丝数、活跃度是呈正比的，这对创作者创作优质视频内容、合理运营涨粉、维持粉丝黏性等都提出了较高的要求。

变现方式之三：与供应链合作

在抖音平台进行变现，也可以通过寻求与供应链进行合作的方式来完成。供应链是什么呢？它是指由一连串供应商和采购商组成的团队，以接力赛的模式，完成从采购原材料到制成中间产品及至最终产品的步骤，将最终产品交付用户使用，由一系列设施和分布选择形成的网络。而短视频创作者在合作中承担的角色，就是把商品展示给粉丝，并引导粉丝购买。除此之外的所有环节都不需要创作者费心参与。

简单来说，所谓与供应链合作，就是寻找可以提供货源、包管货物配送的第三方进行合作。有的创作者会问，这种形式和商业广告合作是不是并没有什么实质性的区别呢？其实并不是的。这种变现方式和接商业广告合作的变现方式有相通之处，但并不属于同一种方式。二者的相似之处在于创作者并不直接生产商品，也不参与商品的配送环节，但是商业广告合作的收益是靠广告转化率获得的，而与供应链合作则是直接收取商品销售提成，获得利润，二者的获利方式是不一样的。

此外，商业广告合作和与供应链合作的门槛也是不一样的。前面我们提到，想要达到能承接商业广告的水平，账号的粉丝至少要拥有40万活粉，而与供应链合作的账号主要目的是卖货，可以在运营中期拥有一定量的粉丝之后，就将产品推广的内容逐渐添加到视频作品中，这对账号粉丝数量的要求较低。与供应链合作拉长了账号的变现周期，可以在较少投入的情况下开始变现，性价比更高。

8.3 借助微信、淘宝平台的变现方式

除了抖音平台，其他电商平台也是创作者变现的选择之一，如淘宝、微信等。淘宝是大家耳熟能详的国内最大的电商平台之一，其用户不仅几乎覆盖了整个中国，在海外地区也颇有市场。而微信平台利用的则是自身作为最重要的社交软件这一优势。和淘宝相比，微信平台的微商以社交网络为纽带获客，通过用户的信任减少对品牌的依赖，且质量好的商品通过口碑进行传播，也给了长尾商品更广阔的发展空间。因此，将抖音上的粉丝引流到其他平台再进行变现，也是很不错的选择。

变现方式之四：引流到微信平台

相信每个人的微信联系人列表里，都会有那么几个微商。微商是近几年来发展最快的商业群体之一。我们在生活中也总是听闻，某某微商依靠微信客流月入数十万元、某某微商通过代理产品发家致富等，身边的这些讯息向我们释放了一个信号——微信也是一个不容小觑的变现平台。为什么这么说呢？和淘宝比起来，微信获取流量的方式比较麻烦，需要添加为好友才能看到朋友圈中出售的商品。但是，微信平台有一个特点，就是消费者与商家之间的关系是亲密的，先社交再消费。

不过，抖音与微信之间的关系目前并不算融洽。腾讯旗下的微视短视频在2013年上线，与美拍、秒拍同为国内第一批涉及短视频方向的软件。然而直到2015年，微视仍旧没有找到适合自己的产品方向和推广变现方式。2016年，抖音短视频平台正式上线，短视频平台成为集合全民UGC（User Generated Content，即用户原创内容）、视频、碎片化、低门槛特点于一身的信息传递载体，其商业模式和市场规模逐渐凸显。随之而来的是日益激烈的市场竞争，为了与抖音短视频抗衡，抢占市场资源，腾讯于2017年3月领头对快手的投资，同时对微视进行了版本更新。

基于这样的竞争背景，腾讯旗下的微信平台于2018年5月开始陆续"封杀"短视频平台的外链。正是由于这种竞争，腾讯在微信平台"封杀"了抖音短视频的外链，抖音平台也同样不希望自己的用户被引流到微信平台。这就是我们在刷抖音

图 8.3　个人简介中微信号写法示例

图 8.4　账号"仙作家美好红木古典家具"个人主页截图

时，经常看见有些创作者的个人简介中虽然写着微信号，却总是用字母或者同音字代替的原因（如图8.3所示）。

在实操过程中，账号运营到什么时候再往微信平台进行引流也是大有学问的。一般来说，建议各位创作者等到账号火了之后再进行引流。也就是说，当你每天发布的视频会有粉丝频繁留言互动，账号活跃度很高且大部分是真粉的时候，就可以开始引流到微信平台了。

一开始不建议创作者在简介或视频作品中添加微信号的原因是担心被抖音系统识别，影响账号被分配流量的权重。账号权重对于创作者在抖音平台的长期发展十分重要，必须要好好维护。但是也有一些类别的账号，是需要在账号运营之初就开始引流的，如养生类、财经类、减肥类等账号。这部分账号由于性质特殊，十分容易被平台封号，很有可能等不到账号成为爆款就已经被平台封禁了，为了防止竹篮打水一场空，这些类别的账号需要在一开始就把微信号放到个人简介中。

此外，在个人简介中介绍个人微信号码时，一定要使用谐音字替代。有几个方法可以帮助大家避免被系统判定为违规行为，比如可以将微信号码分为几行；使用表情字符填写微信号码等，如图8.4中，账号"仙作家美好红木古典家具"就使用了特殊的表情字符来展示自己的微信号码，进行引流。这都是很好的方法，可供各位创作者借鉴。

引流到微信之后，就可以在微信平台以微商的运营方式将流量变现。比如，创作者可以利用微信强大的社交功能，建立微信群维持粉丝黏性；推出优惠活动，参与条件是让粉丝推荐好友进群；在朋友圈点赞的粉丝中随机抽取几人发放优惠券等。微信平台与抖音平台不同，在微信平台变现时，最主要的就是利用社交裂变，尽可能地吸引更多粉丝。只有不断地扩大用户群体的规模，才能获取更多的利润。

变现方式之五：引流到淘宝平台

淘宝平台与微信平台也有不同，淘宝平台的成型时间远比微信长，各类机制更为完善，用户购物体验相对比微信而言更加舒畅。为了拓宽电商市场，抖音平台也在积极与其他大型电商平台进行合作，探求共赢的合作模式。创作者个人主页的商品橱窗上可以直接添加淘宝平台的商品，可见抖音与淘宝之间的关系比其与微信之间的关系是明显不同的。

经过这十几年的运营，大部分网购消费者已经习惯了淘宝的机制——包括其中最重要的售后机制。淘宝平台之所以能成为国内最大的网购平台之一，也离不开维权机制的完善。在淘宝平台，有一份《购物安全保障》，让用户购物时更放心、更舒心。如果用户在付款后未收到商品，或者收到的商品出现质量问题或与网上描述不符，都可以根据淘宝规则发起维权。淘宝客服将会在第一时间介入，依据维权流程（如图8.5所示），判断维权事实。经判定维权成功的，淘宝网会扣划卖家的保证

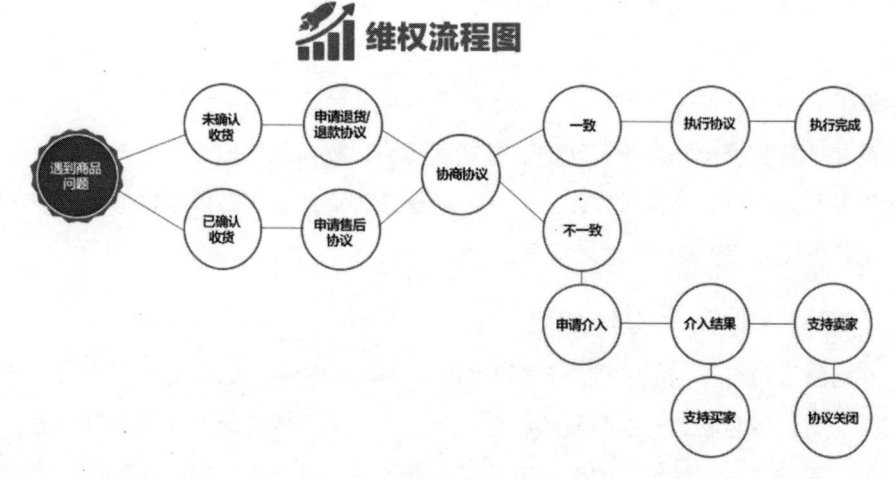

图 8.5　淘宝平台维权流程图

金进行赔付,以保障用户的权益。当用户在淘宝网发起一笔订单时,支付的款项会先到达支付宝平台,支付宝作为中间平台承担保障功能。只有当用户确认收货后,这笔款项才会被打到商家的账户中。这个功能降低了用户在淘宝平台购物时被商家欺诈的风险,用户对平台有着极大的信任,从而维护了用户消费的黏性。

如果创作者在淘宝有个人店铺,尤其是个人品牌的店铺,可以直接申请企业号蓝V认证,这样粉丝点击你个人主页的商品橱窗就可以直接看到淘宝店铺中的宝贝,点击宝贝后就可以跳转到淘宝平台进行购买了。以账号"暴走的萝莉官方"为例,这是一个售卖运动服饰的品牌,在抖音上认证为企业号。点击商品橱窗就可以看到该商家的淘宝店铺。此外,还能在个人主页看到"优惠活动"的按钮,点击后可跳转到淘宝店铺优惠活动的网页。

这就是引流到淘宝平台的基本方式。这一方法适用于在淘宝平台拥有店铺且已经有了一定的销售成绩的创作者。在淘宝平台,刚起步的店铺很难与多年的同类目老店竞争,因为在搜索某一关键词后,出现的商品排序靠前的大部分是资深老店的商品。而从抖音进行引流则可以解决这一问题,避开淘宝平台的同类目产品竞争,直接为淘宝店铺带来更多流量。

8.4 其他变现方式

以上介绍的五种变现方式,无论是基于抖音平台或者是引流到其他平台,都是依靠商品的售卖产生利润来变现的。在本章开头,我们曾说拥有粉丝并不直接等同于实现盈利。不过,从某种程度上来说,粉丝量和流量确实可以直接等同于金钱价值,这就是最后两种变现方式:卖号、"卖"粉丝或流量。

变现方式之六:卖号变现

在网络平台有过创作经历的人都会知道,当你的账号运营取得一定效果,账号比较活跃时,就会收到一些买号的私信。事实上,卖号的变现方式就是将运营了一段时间、积累了一定量粉丝的账号直接卖给他人。市场上有一些团队正是利用计划从事短视频电商行业的人越来越多、愿意从头做起的人又只是少数这一特点，针对这部分人急于求成的心理，批量生产、运营账号，再将其卖出去，换取利润。

目前市面上的价格是按照账号的实际情况来认定，大致取决于粉丝数量的多少，一个粉丝的价值在3分至1角之间不等。如果粉丝是活跃度很高的真人粉，就能卖出更好的价格，如果大部分是机器粉、僵尸粉或者不互动的真人粉丝，价格就会比较低。

这种变现方式虽然能在很短时间内得到金钱，但是并不长远，因此不太建议各位创作者采用这种方式。社交电商的一大特点就是通过"发现——购买——分享"的形式形成商业闭环，影响有共同兴趣的消费人群，激发其购买热情，同时也在销售中加深对粉丝群体的了解，实现长线盈利。这种盈利模式看中的是抖音等短视频平台的长期效益，而卖号只是着眼于一时，无异于买椟还珠，不是创作者的明智之选。

变现方式之七："卖"粉丝或流量

大部分情况下，粉丝和流量并不能直接等同于金钱价值。但是在实际操作的过程中，有时候也可以通过"卖"粉丝或流量来获得收益。很多人也许会感到疑惑，粉丝和流量怎么能转卖呢？当然，粉丝和流量无法在不同账号间直接迁移，但是却可以通过不同账号之间的合作来引流推广。所以，"卖"只是一种形象的说法，并不是要将粉丝或流量真正地"卖"出去，而是为合作账号进行推广，将自己的粉丝转化为对方的粉丝。

比如某个健身类的账号A接受了卖减肥产品的账号B的推广，将B的减肥产品介绍给自己的粉丝群体，粉丝到账号B购买时可以说自己是A的粉丝，获得一定的优惠折扣。推广期结束后，账号B根据来购买的粉丝数量，给A结算"卖"粉丝所得的金额。具体利润以商品的盈利空间为准，一般来说，平均一单可以拿到10元左右的报酬。

这一种变现方式是比较累的，而且所得的利润通常不高。和卖号一样，卖粉丝或流量也是一种不太长远的变现方式，花了很长时间培养的账号最终只能转换一次或几次利润，这远不如短视频电商长期变现获得的利润，所以不建议创作者采用这种变现方式。

在以上七种变现方式中，打造个人品牌是长线的变现方式，前期需要大量地投入精力和资源，但是后期的回报也是最可观的；商业广告合作的变现方式适合时间和精力有限的创作者，只要用心运营，同样可以获得不错的利润；与供应链合作的变现方式对账号的活跃度要求较商业广告的变现方式低，总体来说性价比较高；引流到微信平台的变现方式可以利用社交裂变迅速地吸引更多的潜在用户，实现盈利增长，但是多了一个平台之后，创作者需要投入的精力也就更多了；引流到淘宝平台的变现方式增加了创作者的负担，但好处是可以利用淘宝平台成熟的购物保障体系以及广大的用户达到激发用户购买欲望的效果。这些方式都是比较长远的变现方式，而卖号和"卖"粉丝、流量则是短期的变现方式，其优点在于变现周期短，但缺点也是很明显的，没有办法充分地利用平台红利，获得长期收入。

除了单独使用以上介绍的几种方式，不同变现方式也可以进行结合，组合出更有效率的变现方法。比如，将粉丝引流到微信后，在抖音上接了商业广告合作之后也可以与商家谈判，在微信平台再打一次广告，充分利用各平台的流量争取更多的利润。赚钱不仅是一种谋生方式，也可以是一种挑战、一种兴趣。如何将抖音平台拥有的粉丝流量进行变现，各位创作者可以在本书介绍的方法的基础上进行探索，相信这会是充满挑战性的一次尝试！

第九章
他山之石——优秀案例分享

"纸上得来终觉浅，绝知此事要躬行。"做任何事情，如果停留在理论层面，终究是没有说服力的，只是纸上谈兵罢了。抖音账号的运营和变现，也不单单是局限在本书的前面几章内容中。从前期的账号调性设计到中期涨粉运营，再到后期粉丝群体维护和变现方式分析，基本上囊括了本书的团队目前关于抖音短视频电商经营的全部心得。这些短视频电商的运营、变现思路并不是凭空而来的，而是在实际操作中不断试错，一点一滴积累起来的。

因为有一些问题只有在实际的操作中才会暴露出来，而新手在刚开始运营时，很难察觉到这些问题并提前规避。所以，多倾听他人的运营经验，积累运营方法，对于账号的养成是很有帮助的。

9.1 "懒瘦教主"：如何快速启动一个赚钱的抖音号？

大家好，我是一名抖音创作者，主要运营的是减肥领域的账号。目前，我一共运营着十几个账号，"懒瘦教主"就是其中一个。我认为，新手创作者想要快速启动一个能赚钱的抖音号，要点有四个：学、思、做、赚。

首先，想要在抖音赚钱，必须先了解这个平台的规则和红线，这就是第一个要点"学"的含义。建议新手创作者在开始运营前，先学习一下抖音平台的社区自律公约，这份公约中规定了抖音用户在发布和传播内容、参与互动时需要遵守的规范。打开抖音软件后，选择右下角的"我"，点击右上角的选项，打开"设置"，即可看到"社区自律公约"（如图9.1所示）。

我在运营抖音时认识了很多创作者，其中一个朋友在抖音注册了账号后，第一个短视频很幸运地就火了，收获了数千粉丝、数千点赞量，成交了100多单。过了一段时间，她再次登陆抖音的时候，发现账号无法登录，显示因违规被封号。直到今天，她的身份证依旧无法解绑。后来，通过仅有的一些线索，我们进行了分析，认为封号的原因是她没有完全了解平台关于发布视频、

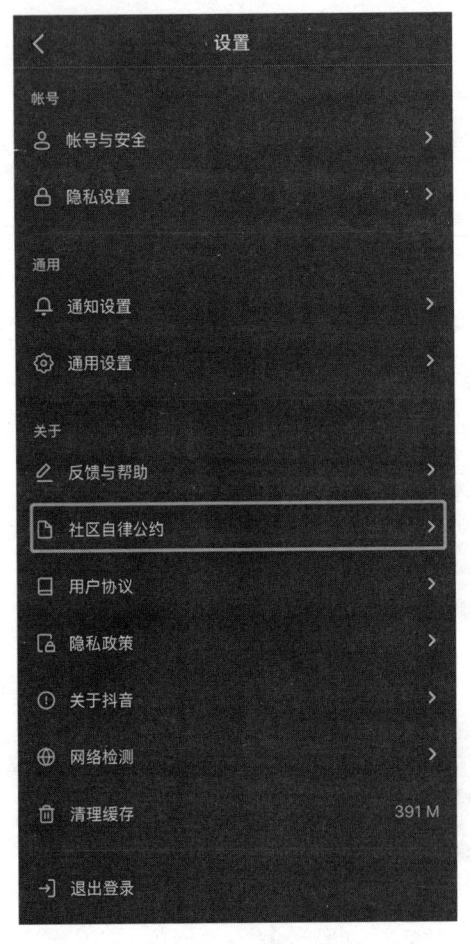

图 9.1 抖音平台"社区自律公约"

引流等信息的规则，从而产生了违规行为。这是一个血淋淋的例子，所以请各位创作者一定要重视平台规则，不要在没有弄清楚平台规则的情况下贸然发布短视频，不加修饰地向站外引流，否则会获得惨痛的代价！

其次，抖音平台作为互联网的一部分，也受到了法律的约束。在抖音平台，有一些会被和谐掉的违禁词，是一定不能发布的。在我运营的十几个账号中，曾经也有一个号因为我在直播期间说了一句带有违禁词的话，而被永久封禁了。我的那个账号当时已经积累了几十万的粉丝，被封禁后就直接废掉了，先前的一切努力都付

之东流。所以我现在时刻提醒自己，在直播期间，一定要谨言慎行，不要为了直播间一时的气氛，就忽略语言上的规范。

最后除了直播，发布作品时的文案也是需要特别注意的。一旦涉及违禁词，你发布的作品就会被限制展示，或者被平台筛查机制删除，严重的违规行为也会引起封号。大家接触了抖音平台就会知道，很多抖音红人都吃过这样的亏，更别提还没火的账号了。一旦你的作品被平台限制，会出现以下两种情况：一是被限制展示的视频，你自己还可以看到，但是播放量几乎为零，因为别人是无法看到的；二是你所发布的这条视频的文案无法展示出来，也就是别人能看到你的视频，但看不到视频的文案。

比如我之前接了一些客户的广告，文案里涉及了客户的品牌名，发布的视频就无法显示文案。而且诸如"世界级、国家级、第一、唯一"等词汇都是不能提及的，这不仅是抖音平台的规定，也符合我国《广告法》的相关要求。如果你做的是带货短视频或者带货直播，一定不能出现"秒杀、免单、再不抢就没了、抢疯了"之类的词汇。根据《广告法》的规定，医药类商品涉及甚多行业规范、经营许可、执业许可等一系列严格规定。所以，医药类商品是大家在抖音变现时绝对要规避的品类。在往商品橱窗添加链接的时候，你会发现，医疗用品是无法添加的，就连医用类的面膜都无法添加。

以上这些只是我在运营中了解到的违禁操作，并不算全面。创作者在熟悉抖音平台规则的同时，也要仔细了解《广告法》相关规定，千万不要因为违规操作而损失一个账号，这真的是得不偿失的。

接下来我想谈一下"公会"。在抖音平台有两种组织，一种叫MCN，另一种叫公会。MCN是专注于短视频内容创造的机构，而公会则是专注于直播的机构。具体来说，直播公会是帮助抖音官方搜集直播型人才的公会，只要加入公会就可以直接开启直播功能。有一些创作者的账号可能在之前就被邀约入驻过公会，那么，入驻公会对你的账号会有什么样的影响呢？

一些公会可能会承诺你，入驻后将会有流量扶持或者是广告推荐位。其实，这些都是忽悠创作者入驻的手段，因为没有任何机构（尤其是第三方内容机构）能够凌驾于平台规则之上。抖音平台永远是内容为王的，公会的扶持只是在你的作品足够优秀的前提下锦上添花。抖音是一个去中心化的平台，其算法规则一直都在变，也就是说，抖音平台官方不会让某一个公会一家独大。所以，关于给予推荐位的承诺大家不要太当真。

到底什么是抖音的推荐位？可能很多人没有亲自做过或者接触过直播，对于这一点会有疑惑。推荐位就是当你登录一个直播软件时，就像逛淘宝一样可以自己选择想点进去的产品页面。这里你所看到的首页显示的位置就是推荐位。在抖音的应用当中有没有这样的页面呢？在抖音的去中心化算法下，无论是直播还是短视频，都是直接推送给用户的，用户只能一个个往后划才能看到你的视频和直播。所以，如果有公会说入驻后可以提供推荐位、流量扶持，千万不要相信。

那么，为什么公会会不遗余力地邀请创作者入驻呢？当你有了粉丝开始直播之后，就会收到来自粉丝的打赏礼物。抖音现在的分成比例是50%，日结自提，直播结束后就可以提现了。假如创作者一场直播共收获总计100元的礼物，创作者能拿走50元。但是如果签约了公会，公会也会收取提成，这样创作者只能拿到45元甚至35元左右的收入。并且只要公会不同意解约，创作者自身是没有解约权利的，只要你开播获得收入，公会就会从你的账户中扣走一部分提成。如果创作者不想永远受公会的辖制，只有一个办法——注销账号。但这样的损失无疑是巨大的，所以创作者在决定加入公会之前，一定要慎重选择。

注册完一个新的账号之后，首要任务是确定视频内容类型、创作方向，之后再完善昵称、简介、签名、头像等账号主页中的设置。同时，同步今日头条的信息。因为有时候你在抖音发布的视频没有获得热门推荐，但是有可能会在头条获得热门推荐，一样可以引流。另外，不建议大家急着为新账号进行实名认证，因为你这个号不一定能运营成功。等需要挂橱窗带货或者开直播的时候，再去进行实名认证。这里需要说明的是，实名认证跟视频能不能上热门的必然联系不大，所以不用担心。

什么时候可以开直播呢？建议各位创作者等账号粉丝量达到1000以上时再开直播。这里需要注意的是，有的用户会为了这起始的1000个粉丝，进行一些违规操作。但这1000个粉丝，必须是真人粉丝，因为这1000个真正冲着你的作品而关注你的粉丝，才能保证你的作品流量的稳定，帮助你确认用户画像。

当你确定了要做什么领域、要拍什么内容后，就可以开始准备近期选题并发布了。发布的时间一定要固定，如果最初定在每周一、三、五的晚上七点半发布，以后最好都坚持在这个时段发布。让平台测到你是一个规律创作的账号，才会为你的账号提高权重。另外，在账号初期，可以尝试有规律地变换一下内容的形式、投放时间段，用以测试你的哪些视频内容、在哪个时间段发布会更能获得粉丝的认可。

在运营抖音账号时，我曾经用自己的一个账号测试过在早上和晚上分别发一条视频。经过几天的测试发现，我的内容在晚上的时段会收获比较高的流量，所以我一般在晚上六点左右发布我的作品。

在确定好首页资料之后，就不要再轻易进行修改，尤其是不要在一天内进行两次及以上的修改。频繁地修改资料，并不会让平台判定你是一个追求完美的用户，而会让系统判定你的账号存在异常。

这里需要提醒大家，在新账号粉丝没有到达一万之前，不建议在首页展示微信号。我的建议是，直接把抖音号改成你们需要引流的微信号。如果此时，粉丝想加你微信，他可以直接复制你的抖音号，到微信平台添加好友。

用我其中一个账号"懒瘦教主"举例：我觉得一个月收获十几万粉丝关注，或者是几十万粉丝关注，其实都是很简单的事。这是怎么做到的呢？重要的是你要擅长学习运营技巧。因为目前还是抖音的红利期，所以想要进入抖音领域的创作者们只要好好学习运营技巧，一定也能获得成功。

那学习运营技巧的第一步是什么呢？就是学习同行。在目前这个阶段，无论你想做哪个领域，肯定已经有人成功了，所以我们的第一步就是学习同行。比如我的十几个账号都是关于减肥领域的内容，我个人平时在刷抖音的时候，就会特意浏览减脂餐等减肥领域的相关视频。除了观看视频，我还会分析它的内容、呈现形式、字幕设计以及视频的转场等。同行是最好的老师，学习同行可以让你少踩很多坑。从抖音上找到同行的账号之后，要注意观察它的呈现类型是什么，这有利于帮你决定使用图文形式、原创形式或者是真人出镜的形式。

第二步，规划自己的矩阵号。矩阵号就是很多个账号同时发布同样或相似的内容，形成一个矩阵。比如同一个公司的几十个账号同时发布内容差不多的视频，推广某一款减脂棒。抖音的用户在不断地刷到这样的视频之后，就会熟悉并接受这个产品。个人也可以注册多个账号，形成一个小矩阵，一样可以取得不错的成效。

矩阵号的好处有哪些呢？一是可以获得更多的流量；二是多做几个账号，提高获得高关注量的概率；三是降低时间成本，因为你只要准备一个视频脚本，把内容稍微修改一下，更换背景或者调整字幕、换一套衣服等，就可以生成好几个不同的视频，在很多个平台上一起发布，比如火山小视频、快手、抖音等。这些行为都是在帮你最大限度地获取流量。

做矩阵号要从矩阵号的广度和深度来整体地规划。创作者可以去梳理这个垂直领域的账号大概有几种类型，再参考自己有能力运营几个账号，确定矩阵中各个账号的调性。这样可以让你在运营时更有方向和目标。

第三步，确定账号内容。在抖音，我们运营账号就是在制作内容，内容为王。只要你的视频内容足够好，你的账号就很容易火。

那什么样的内容才算是足够好呢？我们可以先从视频制作的要求说起。第一，是最好使用16∶9的满屏比例。大家在刷抖音的时候细心观察可以发现，10个抖音视频里有八九个都是满屏比例。这样的视频视觉效果更好。

第二，视频一定要高清。抖音的社区公约上面也要求创作者尽量提供高清视频。视频制作得越精致，系统就会给你分配更多的流量。所以，高清的画面对于账号运营也很重要。

第三，尽量保持视频风格一致。风格一致的账号从视觉上会显得更有高级感。如果我们站在用户的角度来看，打开这个账号时就可以很方便地通过标题找到自己想要的内容，而不用点开一个个视频去寻找，这给用户带来了良好的体验。所以，明朗清晰的标题也是我们在制作抖音视频中很重要的一点。

第四，不能带有其他软件的Logo，这是很多创作者在拍摄视频的时候很难注意到的一点。比如说有一部分创作者可能会使用美图相机、美颜相机，或者是一些剪辑视频的软件来创作，这样视频的右下角或者左下角就可能会带有这些软件的Logo。这样的视频是不会被抖音推荐的，平台既不会给你很高的权重，也不会给你

第九章 他山之石——优秀案例分享

太多的推荐量。

此外，制作视频一定要符合抖音的审美标准。抖音的Slogan是"记录美好生活"，也就是说，创作时要站在粉丝的角度去思考。想象自己作为粉丝去看别人的视频时的期待，再根据这种体验去创作，才能赢得别人的喜爱。其实我觉得，制作抖音短视频并没有特别高的难度，而是需要注意很多烦琐的技巧。同样的，抖音账号运营的成功也一定是在细节上决定的。

满足了视频制作的要求之后，还要注意对内容本身的要求，最基本的一点就是创作者需要在视频中完整地讲完一件事。从头到尾只说一件事，是拍摄一个视频的基本要求。在一个视频里表达清楚你的观点，才会让粉丝觉得有价值。如果粉丝看完视频后，仍旧不知道你想要表达的是什么，这种就不能算是质量上乘的短视频。

视频一定要简短，切忌冗长。对于没有粉丝基础的新账号，视频时长要尽量控制在15秒之内，才会比较容易上热门。所以，我给新手创作者的建议是，要在10秒之内诠释你的视频内容，而且要在5秒之内"引爆"它。"引爆"的意思就是点燃导火索，让大家知道这个视频准备讨论什么话题，10秒之内要让粉丝清晰地获取视频内容。如果5秒之内没有传达出视频的内容，用户很可能就会划掉你的视频，导致完播率受损。所以，创作者们在拍摄视频时不要想着怎么去铺垫，怎么慢慢展现，你需要做的是一上来就要"引爆"话题，开始展现内容。

具体来说有哪些视频内容比较容易火呢？第一种是实用技巧类。这类视频对粉丝来说实用性强，比如教粉丝穿搭、烹饪、烘焙等，粉丝可以从你这里学到很多生活常识，他自然就愿意关注你，愿意给你点赞。

第二种是两性情感的相关内容。我在做减肥领域的账号之前是一名主播，专门讲两性情感领域的话题。在当主播的过程中，我发现这个领域的内容人气颇高，粉丝们特别关注这一类的话题和内容。在日常生活中，我们很难时常保持情感的自由，大家多少都会有些不如意的地方。如果你的视频能够切入这一痛点，真正讲出粉丝的心里话，甚至可以获得上百万的点赞量，这样的流量是十分可观的。

第三种是带有争议性的内容。争议大的内容往往比较容易火。以情感领域为例，如果创作者发布一个关于异地恋的视频，讨论异地恋到底是好还是不好，就会收获一大堆评论。有的网友会觉得，异地恋特别好，不用朝夕相处，就会减少很多矛盾。而有的人觉得异地恋一点都不靠谱，长时间见不到对方会滋生很多矛盾。这就分成了两派，许多网友会在视频的评论区互动，各执己见，视频的活跃度也就提升了。

除了运用有争议性的话题，制造吐槽点也可以增加视频的互动量。以我的账号"懒瘦教主"为例，在一个视频作品中，我们用到的是黄瓜，但是在文案中却写成了胡萝卜（如图9.2所示）。这样的小失误反而使我们获得了巨大的流量，很多网友都在评论中进行调侃（如图9.3所示），这也是很有趣的一件事情。

图 9.2　账号"懒瘦教主"视频截图

图 9.3　账号"懒瘦教主"评论区截图

第五种比较容易火的是稀缺性大的内容。比如像账号"一禅小和尚"这种运用3D动画呈现的视频在短视频中较为少见，可替代性较低，因此这个账号很容易就会走红。有很多人关注动画领域，而做这类视频的账号却很少，可想而知其中的流量会有多巨大。而且"一禅小和尚"的内容并不仅仅是动画，其情节中还加入了很多情感的因素，自然更容易成为爆款。不过，制作动画的成本较高，不太适合白手起家的创作者。

第六种是有趣、搞笑的视频内容。对于很多抖音用户而言，刷抖音是为了在一天的工作之余寻求放松，因此，那些能够带给他们快乐的视频就会更加受到青睐。搞笑的视频也会让用户更愿意转发给自己的好友，一起分享快乐，这就增加了视频的转发量，提高了账号的活跃度。

第七种是蹭热点的内容，比如说某明星最近特别火，创作者就发布了一个关于这个明星的内容，抓住时下的热点走红。除此之外，蹭热点也可以运用在评论中，比如别人的账号有一个视频作品特别火，我也可以去发表高质量的评论，蹭别人的热度，这也是一个很好的方法。

有一些创作者的内容格调较高，具有专业性和权威性。比如一个营养学教授运营自己的抖音账号，他分享的减脂方面的内容就会让人觉得很专业。其实普通创作者也可以去做这样的内容，只是要记得增加名人背书，要让大家知道你是专业的、权威的。这种走专业性、权威性的路线也是可以行得通的。

这就是我在运营中根据自己的经验总结出的几种比较容易火的视频内容。建议各位在实际操作中灵活运用，不一定只使用某一种类型，还可以把不同的类型结合起来运用。而且，抖音不是一个僵化的平台，在这个平台上创造爆款视频的规则一直在随着用户的审美而改变，所以创作者们一定要用心去体会，及时抓住其中的变化，就能实现弯道超车，后来居上。

在更新频率方面，我建议创作者一天更新一个视频，每天坚持。当然，在特殊情况下，我偶尔也会一天发布两个视频。比如说我已经发布了今天的内容，但是我在刷抖音时，发现了一个今天特别火的视频形式，很多人都在跟风拍摄这个视频。在这种情况下，你不能等到第二天再来发布这个视频，必须要第一时间拍摄，借助这个话题的热度来带火自己的视频。有时候，抖音平台一时间流行的话题有好几个，是不是要一天蹭好几个视频的热度呢？我的建议是不要。你可以在这些话题中选择一个和自己的领域最相关的，或者是最容易拍摄的，或者是自己最有想法的视频进行拍摄。一定不要一天更新太多视频，我个人认为一天发布两个视频已经非常多了，一周更新三个视频，或者是隔一天更新一次。最稳定的还是要保持一天发布一个视频的更新频率。

在与粉丝互动方面，创作者一定要尽量跟你的用户、粉丝进行互动。在此我有一个小技巧，就是在跟粉丝互动的时候，我们可以尽量选择一个争议性比较大的互动话题，这样参与互动的人才会更多。而且在互动中，文案是特别重要的。比如说你发布了一个特别美的视频，没有配什么文案，粉丝除了给你点赞外并不知道能评论什么。但是如果你在文案中写："大家觉得我穿红色衣服好看还是绿色好看呢？"粉丝就会在评论区发表他们的看法。这只是最简单的一个例子，创作者一定要学会在文案中引导评论。

以上就是我在抖音的实际运营中总结出来的一些规律和技巧，希望可以帮助新手创作者更快地熟悉这个平台，早日打造出爆款账号，找到属于自己的变现方式。

9.2 "果汁儿"：15天快速涨粉的秘诀

大家好，我是果汁儿。目前我的兼职是微商，本业是一名电视台记者。我的丈夫是一名全职微商，在过去三年，我们夫妻俩共同经营着微商事业。我们一直认为，流量是特别重要的，在微商领域，有了流量才会有收益，这二者是几乎可以划等号的。在过去三年中，我们在引流方面下了很大的工夫，不断试错，不管是线上的互动还是线下的落地分享，比如扫码关注送小礼品等微商常用的方法，我们全部都尝试过。

自从开始接触抖音短视频平台以后，我才发现，之前使用的那些方法获得的流量，相对比抖音平台来说，简直就像蚂蚁和大象的区别一样。所以，对于微商领域的朋友而言，抖音流量的规模是难以估量的。在今天，抖音有着5亿流量的红利，如果你现在还没有用抖音来引流，甚至依旧不打算用抖音引流的话，一定会错过这些流量带来的收获。抖音能带给你的流量和其中的成就感真的是史无前例的。

跟大家分享一下我目前的情况：我现在有三个微信号，主要经营的是其中两个。这两个微信号通过抖音平台的引流后，好友数量已经达到上限了。在抖音平台,我有5个账号,目前最后一个账号还在起步阶段,其他4个主营的账号已经可以稳定地给我的微信号带来流量了。最好的成绩就是我其中的一个抖音号发布的第三条视频使我涨了十多万粉丝。在发布第五条视频和第七条视频后,涨了接近40万粉丝。虽然这个粉丝数量一般,但是因为是在特别短的时间内达到的,所以也让我特别惊喜。除此之外,我运营的第四个抖音号在发第一条视频的时候,浏览量已经接近900万了,这条视频给我带来的直接涨粉也突破了两万。所以我觉得,这段时间我在抖音收获了很多。接下来,我要跟大家分享一下抖音账号运营中具体的细节。

第一点,做抖音账号时一定要准确把握账号的定位。定位要准,是指我们运营的目的是要让抖音账号能够帮我们引流变现,而不是单纯追求数据。引流的目的是利用抖音账号变现。以我自己举例,我的账号定位就是女性健康,发布的视频内容都是关于老红糖的,因此我需要整理一些关于气血、经期的内容制作视频。这样做的前提在于,我的粉丝群体是很需要温补气血、调理经期的女性用户。

那么,我怎么样才能让她们更好地帮助我的抖音号直接变现呢?我采用的最直接的方式就是通过分享养生食谱吸引她们,同时利用我在微商领域的专业知识,跟用户进行匹配。为什么我从抖音上引流的效率很高呢,其实就是因为我的定位是非常准确的。从我对账号的定位是卖老红糖之后,我的每一个抖音视频作品中都带有老红糖的身影,并且传递给用户一个讯息:你需要用这种老红糖来调理自己的身体。只要用户愿意按照我的食谱来调理,就会接受售卖的产品。所以说各位新手创作者在运营抖音账号的时候,一定要弄清楚你的账号定位。如果你不清楚自己的定位,就不要急着去做,可以慢下来,先想清楚再去做。在抖音,不能浪费时间,更不能拐弯抹角走弯路。除非你运营账号不是为了变现,只是想要好看的数据,将账号留到以后做其他的用途,但之后再想流量变现的话依旧要重新定位、重新运营。

第二点,在明确定位之后,接下来你需要有一个整体的规划。也就是说,你需要考虑抖音账号的呈现形式到底该是什么样的。一般来说,目前抖音视频的图文形式并不占优势,其说服力远小于实物的展示。也就是说,大家在拍摄抖音视频时,最好能够让你想要出售的产品真实地出镜,尤其要注重真实。此外,我的建议就是可以找一个比较切合的点,创新形式后发布视频。你也可以参考别人火了的视频,经过自己的创新，变得跟别人的作品不一样。只要核心不变，你的视频也是容易火的。

在运营第一个抖音账号时，它对我来说是一个测试号。我利用它来测试这些不同的视频呈现方式，到底哪一种是最适合我的。在实际的操作中，大家也可以拿一个账号去测试一下你做的垂直领域到底适合哪种呈现形式。就我个人而言，通过我在运营四五个抖音账号的经历，我觉得食物类型的产品，或者是类似的拥有直接价值的产品，在运营时不能直接就把产品摆出来，应该把它能提供的价值巧妙融入视频作品中。你的产品很好，但它一定要能为粉丝提供价值，才会有市场。所以明确定位之后，要对账号有一个整体的策划，比如说封面必须要统一，视频呈现形式要比较统一，账号风格必须要一致等。到这一步，你不仅明确了账号的定位，而且对它有了一个比较清晰的规划，这个时候再开始创作视频，就可以让你少走弯路。

第三点是前期的养号。我所有的账号在前期都严格按照步骤和规划培养。我觉得养号特别重要，甚至能直接能决定后期短视频火爆的程度。依我个人浅见，养号时一定要关联今日头条账号，没有今日头条账号的朋友可以去注册一个。同一个视频，在今日头条平台能火一次，在抖音平台还能再火一次，打通不同平台的流量，就是实现引流的重要一步。除此之外，抖音账号的昵称和个性签名一定要体现垂直领域和你的主营方向。比如说我的主营产品是红糖，账号主打女性健康、养生领域，我的昵称就叫"女性健康"。这就是养号时的细节，且直接关系到后期流量的垂直性。所以我在养号的过程中，会花很多的时间去研究运营方案。如果对养号还是有些不清楚的话，建议大家严格按照前面提到的养号的步骤。我已经用五个账号实验过了，本书介绍的步骤都是可行的。

第四点是着手做内容。在账号刚开始运营的时候，发布的视频质量是很重要的。但是包括我在内的很多人一开始都不知道该发什么。在此建议大家不要固化视频的模式，不要用头脑中的定式思维拍摄视频。想要快速找到视频走红的模式，可以从模仿同行开始。这不是建议大家照搬同行的视频，而是从中提炼要素，再加一点创新，改编成自己的作品。如果单纯照搬，不仅会有版权纠纷，而且走红的概率也会比较小。在改编同行已经火了的作品时，我们需要提取其中的要素，这会促使我们去分析，这个视频能火是因为什么？模仿多了之后，你就会形成一个大的方向，在运营抖音账号时会更有规划性。如果能在形式上有更多的创新，那么你的账号火的速度可能就会更快一些。短视频电商是以内容生产和输出为重心的，在策划视频内容时大家一定要用心一些，多花一点时间在内容上。当你想好策划什么内容了，开始发布视频的时候，就会感觉到流量慢慢地增长，账号也就渐渐火起来了。其实，你每多付出一点点努力，比别人更优秀一点点，粉丝们都能够感受得到，也一定会回馈你的付出的。

  第五点，在刚开始发布抖音作品时，前五个视频特别重要，必须要"刺激流量"。我在没有接触抖音之前，不知道什么叫"刺激流量"，也不知道它的作用这么大。刺激流量就是在发布作品之后，一定要召集其他账号来进行评论、点赞、转发，越多越好。一般来说，刺激流量的最低标准是10个点赞，4个评论和3个转发。我觉得如果有能力的话，可以在这个基础上加倍去刺激它。如果按照这个要求去做了，你会发现这个视频的浏览量最低也可以过万。在刺激流量的时候，记得一定要让他们看完整个视频，完播率也是很重要的一项数据，千万不能随意地打开视频评论、分享，要记得看完整个视频再进行评论。关于短视频的更新频率，我觉得刚开始运营的时候一天就发一条，不要发太多，最好是选择晚上18点到21点发布视频。我现在发布视频的时间点最晚就在21点左右。我尝试过在上午发布，效果不是特别好。我个人认为，大多数用户每天都在忙着上班，顾不上刷抖音，所以你的视频发布之后就不会有很多的流量进来，这对于账号是非常不利的。相对来说，晚上这个时间段的流量巨大。所以，我建议刚接触抖音的朋友可以在新号测试的时候，在晚上发布视频。

  我想跟大家分享的第六点就是一定要做矩阵号。矩阵号这个概念是我接触抖音之后才明白的。如果只依靠一个抖音账号，天天想着它会不会火，那你就错误了。只有一个抖音号时，火的概率一定不如你同时运营5个抖音号高，而且你做矩阵号之后，不同的账号之间还可以互相引流。大家都知道，现在网红的生命周期是很短的，可能你这个号火了几个月就不火了，如果你只有一个抖音号，那你的尝试就算失败了。可是如果你拥有矩阵号，这个号陷入低谷了，我还有其他的号可以引流，就比别人多了一些重来的机会。

一开始养3个账号可能会让你觉得力不从心，哪来那么多好点子去拍摄视频呢？其实，大家可以用同样的视频创意，换个背景，换一下画面风格，让几个矩阵号同步起来。我们常说，不要把所有鸡蛋都放在同一个篮子里，你也不要在一个账号上耗去所有时间，一定要把注意力放在几个号上。如果你有足够的时间和精力去做矩阵号，这一点一定不会亏。等到后续你的矩阵号慢慢地有起色了，运营就简单多了。

在发布视频时按照上述思路走，这个视频就具备了火的要素。视频火的时候，我们一定要记得将流量变现，这是我们运营抖音账号的初衷。先引导粉丝添加微信号，帮助我开拓市场。在抖音上，为了让粉丝直接购买我的商品，我在运营时，会把我的微信号展示在抖音账号的个人主页中，然后将更多的时间和精力放在私信上，而不是放在评论上。当你的视频浏览量很高，有较快的粉丝增长时，一般也会收到很多私信。因为有的人有购买意愿，会来跟你交流，比如会问我的老红糖真的有那么多功效吗？与其他的红糖有什么区别？这样的人就是你的目标客户，他既然主动来找你了，你就一定要留住他，将他引流到微信上。也有可能在很多主动私信你的用户中，有一些人的购买意愿并不是特别的强烈，这些你在运营中可以具体判断。你应该做的，是抓紧时间回复那些购买意愿强烈的目标客户，将更多的时间放在他们身上，对于其他人，只做简单的粉丝维护就行。此外，还要注意不能触碰抖音的底线，不能直接把微信号写出来，这是肯定会被降权重的。你可以用拼音、表情符号等来代替，这些细节做得好不好，会直接关系到后期的变现速度。

在我运营抖音账号的这段时间里，最大的感觉就是抖音的流量带给了我巨大的变现空间。好多人会迫不及待地问你："在不在，在不在，我要买你的红糖。"有的时候因为顾客过多，我都没有时间去了解用户的痛点。以前，我们做微商时流量很小，在朋友圈吸引客户，就会反复地问客户，"你想调理哪一块啊？"因为我们需要把他的痛点挖出来，然后再给他一些建议。但是在抖音上，我们好像可以把这些过程融入视频里，或者直接省略掉，因为抖音的用户关注你，就是对你有足够的信任。他有需求，而我们也实实在在地为用户提供一些讯息。我们做这一切都真正地想帮助用户，只是通过抖音的平台释放出信息。在我做过的线上营销，或者是线下分享的微商生涯中，没有遇到过比抖音平台成交率更高的。甚至，抖音的成交率比我去一个个实体店跑单的效率还要高，这是让我非常吃惊的。所以说，大家一定要趁着抖音平台的红利期抓紧时间养号，只要拿出一定的时间，按照这些思维去复制，多做几个矩阵号，一定可以火的。

这就是我这段时间以来，在运营抖音账号时的所思所想，非常感谢抖音这个平台，让我也收获了许多。目前，抖音平台还在红利期，想要入行的朋友一定要抓紧时间。时不我待，只要有想法，就赶快行动起来吧！

9.3　"吴大威"：一个月涨粉18万，精准吸引企业老板粉

大家好，我是吴大威，很开心能跟大家分享我做抖音短视频的经历。曾经我花了近万元在今日头条投放广告，获取了30多个精准客户，但是通过后期电话联系，以及微信朋友圈培育等，都没有做成交易。在极度失落、没有任何方法的时候，我接触到了抖音。自从学习了抖音短视频引流的方法，不到半个月的时间，我引流到微信平台的用户就有近百个。短短一个月，我从一个抖音小白到拥有了近二十万粉丝，并引流到个人微信，结合我们公司的微信营销流程，成交率极大地提升了。同时，我也颇有感慨，有些跟我同期接触抖音领域的伙伴在运作一段时间后，没有看到太大成效，就中途放弃了。并且我本人在运营中有一段时间没有研究抖音的引流方法，导致抖音账号的播放量一直涨不上来，我甚至一度怀疑账号被降权。后来我发现，这是因为我没有利用好现有的抖音运营的窍门，其实很多前辈在抖音平台早已经摸索过了，并且给我们留下了很多宝贵的经验。正是这些前辈们的经验，让我有勇气卷土重来，坚持下去并且取得了今天的这些小成就。这也是我愿意跟大家分享我做抖音的经验教训的原因所在，希望能够帮助更多正处于迷茫期，不知道怎么利用好抖音平台的朋友们找到适合自己的方法。

接下来，我将从素材资源、方法、执行力这三个方面来给大家做一个分享。

第一个点是素材资源。很多抖音小白在刚开始运营的时候，几乎达不到原创或

真人出镜的水准。如何提升短视频制作的质量呢？我提出的解决方案就是寻找同行，甚至可以找自己的同事在抖音发的作品来改编。我的行业是教育培训，主要是邀约企业老板来到课程现场学习，公司也为此专门制作出存储于DVD、U盘等设备上的视频资料。所以，我手中有大量的视频资料可以给我制作短视频脚本提供灵感。但是在运营前期，我选择的是改编他人作品，通俗来说是把作品下载到制作软件，添加自己的创意，转换成原创的视频再发布。这就是我前期主要的运营思路。

在接下来的分享中，我也会讲到如果后期资源枯竭了，该怎么办呢？其实这个问题也没有什么好担心的，因为抖音里比我们优秀的人太多了，所以素材资源可谓是取之不尽，用之不竭的。不过也会有人说，我就想靠自己来创作。我可以很负责任地告诉你，即便你现在真的开始创作了，也会在短期内坚持不下去的。因为原创作品耗时耗力，单个作品成本太高了。我觉得大家要改变一个观点，不能认为改编别人的作品是很丢脸的。在短视频行业，没有粉丝才是丢脸的事情，有了粉丝却无法变现才是丢脸的。等你的账号可以变现了，再想其他办法去做原创短视频，这样是比较稳妥的方法。

讲到抖音视频运营的方法，就不得不提到"定位"这一概念。那么，什么是账号的定位呢？按照我浅薄的理解，定位就是用户会给你的账号贴什么样的标签。在刚开始运营的时候，大家都会对自己的账号有一个初步的定位。在运营中，我们都是根据这个定位去策划视频作品的。那么，发布了一段时间的短视频之后，如何检测自己的账号定位是否精准呢？大家可以用一个小号来检测。搜索垂直领域的关键词，找到自己的账号，然后点击"关注"按钮旁边的小三角形按钮，就可以看到系统自动为你推荐的同类型账号。以图中为例，搜索"管理学"这个关键词，点击进入账号的个人主页，系统为你推荐的可能感兴趣的账号有："管理心理学""社交心理学"和"职场有道"等（如图9.4所示）。可以看出账号"实用管理学"的定位还是比较精准的。其实这个就是抖音官方给账号的定位。所以对于初学者来说，在开始运营抖音之前，一定要找准自己的定位，同时还要注意你自己的定位和官方对你的认定是否一致。定位不一致就会出现视频播放量很低的情况，因为抖音对你的定位出现偏差，给你推送的流量就不那么精准，视频浏览量、互动量自然就都上不去。

图 9.4　账号"实用管理学"的关联账号

　　分析完定位以后，我们开始讨论账号的包装。为什么有的账号涨粉很容易，有的账号发了十几个高水平的作品还是没有多少粉丝呢？在我看来这就是账号包装的问题。首先你的抖音昵称是否容易让用户记住并产生关注意向？是否可以通过你的账号名字来判断你的垂直领域？你科普的内容是否是用户所想要了解的？其次，一个好的头像也非常关键。对于潜在客户是老板的账号来说，你可以用个人的商务照片，也可以用马云、比尔·盖茨等人的头像，这样用户一眼就知道你想传达什么信息。对于这类账号，切忌用一些花花草草、小动物、美女之类的头像，这会让用户混淆你想传递的信息。个性签名当然也很重要，因为它能够直观地反映出账号传递给粉丝的信息，包括后期通过微信号引流变现也是在个性签名中体现的。最后，醒目的头图也是向粉丝传递信息的重要窗口，使用正确的头图可以让粉丝知道你的账号定位。

包装完账号并开始运营之后，接下来的一步就是引流。有微信营销经验的朋友应该都知道，对于刚注册的微信号，如果你马上进行引流，疯狂加微信好友，是非常容易被封号的。一旦被封号就要去解封，这不仅浪费时间，而且微信号还会被腾讯监测，一旦你下次再出现这种违规操作，可能面临更长时间的封号，甚至是永久封号。微信号是如此，抖音号也是如此。那么我们应该怎么做呢？

第一招就是"一机一卡一号"，顾名思义，就是一部手机登录一个抖音号，同时这个抖音号绑定一个手机号。这样的操作就是传递给抖音官方一个信息，这个账号是个人使用的，不是批量注册的。第二招是绑定今日头条，今日头条是字节跳动公司的产品，其产品还包括西瓜视频、抖音、悟空问答等。绑定今日头条账号的好处也是向抖音官方传递一个信息，即我是个人申请，并且只有一个账号。绑定今日头条还有一个好处，就是当你的抖音作品同步到今日头条的时候，不光抖音会涨粉，今日头条也会涨粉，头条上也能够进行引流，可谓是一举两得。第三招就是关注同类型账号，并在评论区模拟正常用户的行为。不要吝啬自己的赞和评论，这关乎你后期发布作品的播放量。为什么有的人发第一个作品就能收获几万甚至几十万粉丝，我想他在养号期间应该是做得很好的。第四招是经常看一看抖音直播，顺便给主播刷一刷礼物，这些都是告诉系统你是真实用户的重要措施。这里还要注意一点是，苹果用户充值30元，只有210个抖音币，而关注抖音短视频官方账号进行充值，30元就可以获得300个抖音币，可以节约一些运营成本。

磨刀不误砍柴工，经过上面的操作，我们已经把刀磨亮了，现在可以开始通过发布优质作品收获粉丝了。什么样的作品是一个好的作品？为什么同样的作品别人发了收获几十万个赞，你发了之后只收到几十个赞呢？接下来我们来讨论一下什么样的视频才是好的作品。

有一些视频题材属于突出问题，不提供解决方案。就好像在现实中营销时，如果你拿着产品见到人就推销，相当于一个人看到美女时就说："美女，你好漂亮啊！我们结婚好吗？"这种时候，美女一定会拒绝你，并且离你远远的。我们都知道这样子是根本连朋友都做不成的，同样的，这种方法在营销上也是根本卖不出产品的。大家一定接到过推销电话，一接起来对方就说："您好我是某某某，在卖什么产品，请问你有需要吗？"大家是不是一般都会说"对不起，不需要"，然后火速挂掉电话。所以，这套方法其实已经过时了。这种类型的视频自始至终只是挖掘痛点，不提供解决方案。粉丝看到这里的时候心里是很着急的，对于营销人员来说，也许他正处在业务开拓的瓶颈期，看完之后就会点进你的主页去找解决方案。如果没有找到，他也会先关注，因为关注之后才方便看作者后续的更新。这就是吸引粉丝的技巧。

  细心的朋友在刷抖音的过程中也会经常刷到一些能引发极大争议的视频。比如说有一个视频的内容是：某公司将员工迟到的罚款设立专项基金，员工每迟到一次就捐款五元。每隔一段时间进行一次汇总，把这项基金拿来请大家吃零食，还要把捐款最多的员工请上台，台下所有员工掌声感谢他贡献的零食基金，希望他下次再捐多一点。这样，被请上台的员工心里一定会想：下次我再也不迟到了，不捐钱了。这其实也是一种娱乐，但是很多公司不会这样做。可以看到，关于上班迟到的问题，这个视频提供了一个解决方案。不过，这个解决方案是稍微夸张、比较极端的，这样的作品就引来了极大的争论。有的人认为，这样是很有娱乐精神、很人性化的做法；也有的人认为，这样做可能会伤害员工的自尊；更有人认为，这样做也许达不到告诫员工不要迟到的目的，毕竟迟到是一件需要严肃处理的事，用娱乐的方法处罚，可能就失去了原有的警告寓意。所以，这个作品越炒越火，最终拥有了近300万的播放量。这就是富有争议性的视频的魅力，可以在短时间内提高你的账号热度。

  又比如另一个视频，它的内容是讲日本企业里的领导力。因为这个日本领导给员工布置任务时，需要将一个任务重复说五遍。比如第一遍时，领导对员工说，"麻烦你帮我做一件事。"员工说"好"，转身要去做这个任务。领导又把员工叫回来，说"麻烦你重复一遍，我需要你帮我做什么事。"员工复述了这个任务，说完之后员工又要走。老板再问："你觉得我让你做这件事的目的是什么？"员工回答之后，老板还会再问："你觉得完成任务的时候会不会出现什么意外？出现什么意外时，你要向我汇报，出现什么情况时你需要自己做决定呢？"等员工回答完，老板还会再问最后一次，"对于这个任务，你有什么更好的想法吗？"到这里，老板前后问了五遍关于这个任务的事情，这种布置工作的方式，颠覆了大家的认知。有的人认为这样做是有道理的，可以帮助员工更好地完成任务，但也有人吐槽这样的领导太啰嗦了，很浪费时间。这样的争议也使得这个作品越炒越火。

通过以上三个作品，我们总结一下：再伟大的IP（Intellectual Property，直译为"知识产权"，引申为包括文学、影视、动漫、游戏等在内所有成名文创作品的统称）也要通过价值才能留住用户，做抖音亦是如此。现在是内容为王、价值为王的时代，如果你的作品在有价值的同时又能够引发粉丝的共鸣和争议，懂得如何制造槽点、激发争论、挑拨粉丝的情绪，就可以在竞争中立于不败之地。

接下来，我想分享一下关于执行力的问题。很多人都知道抖音现在正处于红利期，变现是很容易的。也有很多人想要涉足这个行业，但是却犹犹豫豫，驻足观望，就是不付诸行动。其实，时间就是金钱，早摸索、早提升、早受益，早一点收获粉丝也就早一点实现流量变现。我们常说，磨刀不误砍柴工，但磨刀绝对不是观望，而是要付诸行动。很多人在犹豫的时候还会安慰自己说，"我先观察观察，看看别人踩过哪些坑，看看这条路到底能不能行得通。"其实，只有付诸行动了，真正开始摸索了，你才会知道这些"坑"到底是什么，能不能避开，能不能获得成功。最难做的就是从知道到做到的过程，很多人都是在观察中慢慢放弃了做抖音的想法。

其实，想加快成功的速度，就必须要加快做决定的速度。成功人士做决定，通常是很快的，认准一件事情之后要想改变他的想法是很难的，但是失败的人做决定时经常犹豫不决，拖拖拉拉，说改变就改变。不知道大家有没有看过《美人鱼》这部电影，剧中的富豪刘轩前一天晚上认识了美人鱼，第二天就向她求婚。美人鱼回答："你昨天晚上才认识我，今天就要娶我，请问是不是太草率了？"刘轩则说，这是他人生中做过最长时间的决定，平常做决定都没有超过三秒，但是决定向美人鱼求婚，他想了一晚上。其实这是有点夸张的表现手法，但是也证明了一点，成功人士做决定是很快的。因为商机可能会转瞬即逝，如果你不能在短时间内发现它并抓住它，就不可能获得成功。所以这就是我想跟大家分享的关于执行力的问题，有了做抖音账号的想法之后，不要观望太久，一定要尽快付诸行动。

此外，我在运营抖音的过程中也遇到过挫折，播放量持续走低，中途甚至放弃过。起初我运营抖音时踩过的第一个"坑"是作品杂乱。在我早期的作品中，因为不懂定位、账号包装以及养号，甚至手动删除了很多作品，这都是不利于账号养成的。第二个"坑"是执着于做原创视频，在我没有丰富经验的前提下，得到的结果就是作品的播放量偏低，发了十几个作品，粉丝也没有涨到1000人。后来通过学习，我才明白要先学会改编同行的视频，再思考如何做原创。改编同行的视频中出现爆款视频的几率也会大大提高，让你收割粉丝的速度更快、更精准。

我踩过的第三个"坑"是缺乏系统思维。比如说做视频连载的时候，因为刚开始抖音短视频限定时长为60秒，所以要想把一个5分钟的内容讲明白，我只好拆解成5段视频发布，却没有一个作品能火，徒劳无功。在抖音平台，正确的思维是一定要系统地看待账号运营，不要纠结于所拥有的一个账号、某一个违规内容、一个视频的播放量不行，就感觉账号运营出现了问题，想要中途放弃。哪个成功者不是一路从失败中成长起来的呢？更何况运营抖音账号，本来就不可能是一帆风顺的，失败了就总结经验教训，换个方法继续运营。一个号不行就继续注册账号，不要指望运营第一个账号就能直接成功，而是要多尝试，做更多的账号、做矩阵号。而且，不要一味地拘泥于数据，追求粉丝数量。有一些人在运营抖音账号前期为了增加粉丝，收获内心的满足感，可能会买一些"僵尸粉"，这样可能会造成账号降权。直至目前，还有很多人会炫耀他在抖音有多少万粉丝，但在我看来，能够赢得多少利润才是硬道理，其他的数据只是数字而已，不要太当真。如果沉迷于自己打造的数据，以为自己真的很受欢迎，有可能会花钱买了一大堆损失，只换来了那些虚无缥缈的数字。真正的抖音运营是不可能靠做假数据获得成功的，要来自于对市场的正确判断。正确的判断来自过去的经验，而过去的经验，通常来自犯过的错误带来的教训。有了这样的平稳心态和放眼全局的系统思维，才能在运营中走得更加长远。

这就是我想向各位创作者分享的内容，希望大家都能在抖音平台有更多的收获。

9.4 "黄勤文":粉丝数从12万飙升至65万,一晚净利4万

大家好,我是营销冠军黄勤文。我运营抖音之后,曾经在短短几天内将粉丝数从12.4万涨到了65.9万,一共涨粉超过53万人。我更是在2月20号晚上卖出了1700本书,收入5万多元。这样的爆发也确实在我意料之外,令我欣喜不已。这次我要跟大家分享一下风险规避的策略和危机意识。虽然我涨粉这么多,但是我还是要说,抖音的运营比大家想象中的更复杂,粉丝既然会涨,也很有可能会掉。65万粉丝的荣誉,我只维持了不到一个星期。所以,当取得一些成就的时候,如果你只是继续啃老本,很快就会被抖音淘汰掉。

在开始分享之前,我先介绍一下自己。我是某高校商学院国际商务专业的一名学生。我的个人实践经历比较丰富,大一开学时尝试做过淘宝电商,利用暑假接触了跨境电商,第二个月就出了一个18万美元的大单子,也算是营销冠军了。接下来我就从我的自己的战术刷粉、刷赞、文案定位等方面展开分享。

首先,我想告诉大家的是千万不要删除视频。对效果不好的视频作品,设为私密视频即可。为了平台的良性发展,抖音是不鼓励用户删除视频的。视频删除多了,账号可能会废掉。而且我发现,将视频转为私密状态,可以打造一套很有用的方法,实现短时间内快速涨粉。比如我是个比较激进的人,在尝试创业时会将我所有学习的新的东西都尽量用上,这也是我此前能在接触外贸的第二个月就做出18万美元的大单子的原因。在运营抖音账号时也是,刚开始时我每天会发4到6条作品,不管数量限制,我觉得只要不违规,多发一条视频就多一分走红的希望。

这样做的弊端是我的一些视频数据并不好看。对待这部分视频,我的做法是把它们隐藏起来,变成私密视频,只公开优质的作品。这样的伪装可以让系统和用户都认为这是一个非常优质的账号。等到一个视频火爆的时候,我就公开原来数据较差的视频,就像开闸一样,用这些视频充分地吸纳庞大的流量。等到这批流量过去,不再有很多人来看我的主页时,我继续把这些视频藏起来,等待下一次出现爆

款视频的时机。重复几次后，如果其中有视频的数据达到了平均水平，就不用再隐藏了。我将这种方法形象地理解为"小步快跑"，虽然不能一步到位打造爆火的视频，但最终也能达到相同的效果。

其次是千万不能盲目地刷粉、刷赞。有的人看到"刺激流量"这个方法，就会觉得，教程里不是说刺激流量是越多越好吗？那我就多花钱，买一些粉丝和点赞。其实这种做法是错误的。大家刷粉或刷赞的目的无非就两个，一个是为了数据好看，第二就是想骗系统的流量。但是粉丝多，别人就会关注你吗？当然不是，抖音平台粉丝多的账号有很多，不是粉丝多的人就会持续吸引新粉关注，而是一定要专注于视频的质量和展现形式。

我有一个朋友在运营抖音时，最高的时候有将近118万粉丝。但是有一次他告诉我，其中有70万粉丝，都是花钱刷出来的。一段时间后，他就天天掉粉，这直接影响到了他的账号权重。所以，刷粉或刷赞就像一个会随着账号长大的伤口，越到后面坏处越大。这就好像在学校时，如果你的成绩不好挂科了，还可以用重修来弥补，但是如果你考试作弊，老师就会对你进行处罚。在抖音平台也是，一开始成绩不好，可以用努力来挽救，可是刷粉、刷赞的行为一旦被平台检测到，账号就会被降低权重，届时再努力也挽救不回来了。

此外，我觉得做抖音就应该要现实一点。因为你刚进入抖音这个领域时，第一个号成功的概率实在太小了。除非你是经验丰富的操盘手，可以让第一个号就成为爆款，但是大部分刚进入抖音行业的都是新手小白，是达不到这种高度的。这就是进入抖音电商行业要面对的最现实的问题。可能很多人都不愿意接受这样的现实，但是我觉得这样的心理准备还是应该有的。

再次，是要关注同行，让系统给你贴精准的标签，吸引精准的粉丝。每天刷抖音养号，尽量要刷同一个垂直领域的。在发布了5、6个视频作品后，你的账号就会出现标签。这个时候你一定要检验一下自己的账号标签是否精准，具体的方法就是在搜索页面输入自己的垂直领域关键词，查询相关领域的用户。如果其中能找到你的账号，就说明你的标签是精准的。

大家都知道，在刚开始运营抖音账号时，会出现灵感匮乏的情况。这种时候我们可以参考同行的视频，我也是这么做的。不过，上次我的账号中获得了39万个点赞的视频，在我搬运之前，我的同行只获得了4万点赞量，跟我的视频的点赞量有着将近10倍的差距。除了我粉丝比他更多，更重要的是，我在原视频的基础上进行了改良。在话术上，能用疑问句的，绝对不用陈述句，能把话说得更有说服力，就尽量不用那种真理式的灌输方法。

我认为，营销不能简单地等于销售，而应该是销售的最高境界。我们常说"步步为营"，可见"营"这个字本身就带有逻辑性和缜密性，"营销"是有计划地去销售产品。销售方式可以分为促销和推销。推销就是告诉客户，我的产品很好，你快来买吧！促销则是告诉客户，你买了我的产品，我可以给你折扣或者其他的好处。当你的评论区不需要你说一句话，粉丝们就能主动为你的产品说话，或者评论区中有上万点赞数量的神评论，那么你评论区的完整的生态就搭建起来了。大家在刷抖音时如果看到相似的视频，但是二者的点赞数或评论数量有差距的，可以仔细研究一下其中的文案和精妙之处，这对于提升自己的视频改编能力是有很大帮助的。

还有一点是关于抖音号的实名认证问题。一般而言，绑定个人的身份证信息可以增加账号的权重，而且绑定的身份证与账号的运营者是否同一人，对于账号的运营并没有什么影响，所以大家在做矩阵号时可以把家人的身份证也拿来绑定。但是，进行实名认证时一定要慎重，因为身份证绑定以后，在不违规的情况下，至少三个月以后才可以取消绑定。我个人的抖音账号是在拥有了1万粉丝之后，才把身份证与账号绑定的。说实话，我也害怕那个账号可能火不起来，会变成一个废号。如果那样的话，我想要运营新的账号，又需要实名认证，就要耗费几个月的时间。所以我建议，大家不要一开始就随便进行身份证绑定，等到吸纳了足够量的粉丝，且用户黏性还不错的时候，再进行实名认证是比较稳妥的。

最后，我还想跟大家分享一下抖音账号的定位问题。我的抖音账号是靠图文方式来运营的，在内容上只做与销售领域相关的。有的人说，图文形式目前已经过时了，但是我觉得如果运用得当的话，图文也是非常好的涨粉方式。抖音平台的视频内容有一个特征，就是突出的知识性。用户总是会点赞自己觉得有用的视频，当你的视频可以提供用户需要的知识点时，就会吸引他们的关注。而且图文号成本较低，对我这种每天最少要发5个视频作品的创作者来说，是最好的选择。而且，我在实际运营中，几天也可以涨上万的粉丝，这个速度还是比较快的。

目前关于抖音运营的方法，很多人都有自己的见解。但是我觉得，如何做才能生产爆款视频，需要自己在实际运营中去摸索，我们不能偏听偏信，凡事都要经过自己的判断再下定论。对于不同的领域，不同的粉丝群体，需要用不同的运营方式。这就是我在抖音运营时最大的心得体会，也希望大家在实际操作中要有自己的主见，在市场竞争中站稳脚跟，早日实现自己的盈利目标。

后 记

2016年抖音平台上线以来，经历了不少波折。最初，抖音曾被外界质疑抄袭北美音乐短视频、社交平台Musical.ly，直到2017年11月10号，今日头条以10亿美元收购了Musical.ly，与抖音合并，才平息了一些争议。不过，尽管过程是曲折的，在国内短视频行业崛起的大背景下，抖音的发展态势依旧蒸蒸日上。

在抖音平台，有许多拥有数以千万计粉丝的网红，他们在这个平台创作、运营、变现，收获了很多耀眼的光芒。也有许多平凡的记录者，他们发布的视频或许不能像前者一样获得很多点赞，但依旧在记录着属于自己的平凡而温馨的生活。不同的地域、不同的行业以及不同生活背景的人聚集在抖音，仿佛通过一个平台将各行各业的人包容进来，共享彼此的生活。以前我们总说，"世界那么大，我想去看看"，而现在，不需要辞职、不需要出门就可以通过短视频App实现这一愿望。这，就是抖音的魅力！

除了分享生活，抖音也是许多平凡人实现明星梦的地方。互联网的发展正在一步步地实现万物互联的理想蓝图，也为生活中看似普普通通的我们提供了被别人记住、认识的机会。在抖音，无论你是卖牛肉的牛肉哥，还是烤腰子的腰子姐，或者只是一个拥有宠物的普通白领，都有可能通过创作成为网红，享受万众瞩目的感觉。这，也是抖音的魅力！

抖音的走红已经持续了好几年，大部分用户都感受到了抖音的魅力。有很多创作者想要进入抖音，成为网红，但是又觉得抖音已经火了好几年，此时进入到这个领域还能实现盈利吗？因此，他们犹豫不决，既担心自己没有能力走红，也担心平台不再给力。

其实，抖音的发展并没有到达顶点，从本书借鉴的各种数据中也可以看出，抖音的日活跃用户数是当今国内所有短视频App中最高的，虽然增速有所放缓，但仍旧保持着增长。调查显示，我国目前还有大约6亿的下沉用户，即三线及三线以外城市的用户，这一巨大的市场正是不同短视频App的必争之地。因此，如果你想成为一名自媒体人，想进入短视频电商领域，目前依旧是一个比较好的时机。

想要进入短视频创作的领域，就不能单靠自己单打独斗，摸着石头过河。现在的短视频领域已经进入比较成熟的阶段，必须运用成熟的运营手段才能快速涨粉，实现从创作到变现的重要转变。在这本书中，我们根据这几年来在抖音平台培养创作者的实际经验，以账号的养成为时间线索，总结了抖音平台运营和变现的方法，并特别指出了账号运营的雷区，可以为各位新手创作者提供很好的运营、变现思路。"君子善假于物"，真正的成功者都是善于利用周围可以利用的一切事物来帮助自己达成目标的。而本书就是各位新手创作者的好帮手。

每个人都可以记录自己的美好生活，每个人都有独一无二的闪光点，每个人也都应该是自己生活中的网红。我们希望，看过本书的你，能够早日成为自己理想中的那个网红！